Isidore Singer

Sollen die Juden Christen werden?

Isidore Singer

Sollen die Juden Christen werden?

ISBN/EAN: 9783741158049

Hergestellt in Europa, USA, Kanada, Australien, Japan

Cover: Foto ©Lupo / pixelio.de

Manufactured and distributed by brebook publishing software (www.brebook.com)

Isidore Singer

Sollen die Juden Christen werden?

Sollen die Juden Christen werden?

Ein offenes Wort an Freund und Feind

von

J. SINGER.

Mit einem facsimilirten Schreiben Ernest Renan's an den Verfasser.

Zweite vermehrte und verbesserte Auflage.

WIEN
VERLAG VON OSKAR FRANK
1884

Mr ERNEST RENAN

Paris, 5 février 1884.

Monsieur,

M. James Darmesteter m'a fait part du désir que vous m'exprimez également dans votre lettre du 1 février, de me dédier votre nouvel opuscule : Sollen die Juden Christen werden oder nicht? D'après ce que m'a dit M. Darmesteter et ce que vous me dites vous-même, ce sera là pour moi un très-grand honneur, car vos idées me paraissent empreintes de ce libéralisme sage et modéré qui me paraît la seule voie de salut des sociétés modernes. Je suis persuadé que beaucoup de solutions qui paraissent maintenant paradoxales seront un jour des réalités. Il sera beau d'avoir devancé le temps, dans le sens des lumières et de la liberté.

Veuillez agréer, Monsieur, l'assurance de mes sentiments les plus distingués et les plus dévoués

E. Renan

Vorrede zur ersten Auflage.

»Was hält die Juden davon zurück, in so schweren Tagen, wo die Gemüther so tief erregt sind, hervorzutreten und Ordnung zu machen, wie dies jede Confession des Landes seinerzeit gethan? Sie behaupten, ihre Religion sei 2000 Jahre alt. Jedermann kenne deren Satzungen, sie fussen ja auch in der heiligen Schrift; nun denn, auch die Protestanten haben nicht gezögert, im Interesse der herzustellenden gesellschaftlichen Ordnung zu wiederholten Malen darzuthun, worin ihr Glaube, ihre Organisation, ihr Streben bestehe. Woher nun das Zögern der Judenschaft in dieser Richtung? Ich will nicht die Triebfedern berühren, sondern ich glaube, es ist die Zeit gekommen, dass nicht nur wir Christen alles Mögliche thun, sondern dass auch die Judenschaft das Ihre thue und ernsten Willen zeige. Der erste Schritt, den die Juden zu thun hätten, ist der, alle jene Vorbedingungen zu erwerben, um in die Reihe der recipirten Religionen eintreten zu können; sie mögen hervortreten und Gelegenheit finden zu der Erklärung, dass sie eine der modernen Civilisation und den Anforderungen der Zeit entsprechende Stellung einnehmen wollen, dass sie feierlich entsagen all' jenen Scheidemauern der Traditionen, durch welche sie eine Verschmelzung mit Bewusstsein bisher unmöglich gemacht.«

Diese Worte sprach Otto Hermann in der Sitzung des ungarischen Abgeordnetenhauses vom 31. Januar d. J. Wir

X

begrüssen diese Aufforderung mit wahrer Freude; wir gehorchen derselben vielleicht rascher, als man erwartete. Die folgenden Blätter sollen die Antwort auf die vielen Fragen ertheilen, welche heute gewöhnlich unter dem Schlagworte »Judenfrage« zusammengefasst werden.

Die Juden brauchen wahrlich am wenigsten davor zurückzuschrecken, wenn man sie auffordert, Rechenschaft von ihrem Glauben und ihrer Moral abzulegen und ihre Ziele zu offenbaren: Die Juden spielen kein verborgenes Spiel; sie lassen Jedermann in ihre Karten sehen.

»Oeffnen wir den Völkern unsere Schriften. Mögen sie Einsicht nehmen in unseren Moralcodex! Wir brauchen diese Prüfung nicht zu scheuen, denn wir sind reinen Herzens und reinen Geistes. Mögen doch die Völker die Wohnungen Israels aufsuchen und sich auf Grund eigener Anschauung von dessen Charakter überzeugen! Sie werden dann mit Bileam, der auszog, um Israel zu fluchen, ausrufen: »Wie schön sind deine Zelte, o Israel; wie köstlich deine Wohnungen!« Ihr Fluch wird sich wie bei Bileam in Segen verwandeln; sie werden Reue empfinden ob der Jahrtausende schuldlos an uns verübten Acte der Grausamkeit und Ungerechtigkeit; sie werden uns die alte Ehrenschuld abtragen, die sie durch Jahrhunderte angehäuft hatten.«*

So schrieben wir im Jahre 1882, als die Antisemitenbewegung in Oesterreich ihr freches Haupt erhob. Wir dachten nicht, heute wieder zur Feder greifen zu müssen. Doch, so sei's!

Wir legen in unserer Schrift in einer für Jeden, der sehen und hören will, verständlichen Weise unseren, d. i. den Standpunkt der liberalen Juden dar, selbst auf die Gefahr hin, von einem Theile unserer Glaubensgenossen — die noch immer den Geist unserer Zeit nicht begreifen können und lieber bei Festhaltung aller talmudischen Gesetze wieder in den finsteren Ghettos wohnen möchten, als sich freie Bürger des 19. Jahrhunderts zu nennen — verfolgt und verleumdet zu werden.

---
* »Presse und Judenthum«, 2. Aufl. p. 153.

»Mach' Rechnung mit dem Himmel, deine Uhr ist abgelaufen«, ruft unsere bewegte Zeit, wie in jeder, so auch in religiöser Beziehung der Menschheit zu. Rechnen wir ab; denn ein grosser Sturm droht, sich über unseren Häuptern zu entladen. Der Jude allein braucht vor diesem Sturme nicht zu zittern; er kann ruhig bleiben, während die anderen Völker angstvoll in die Sturmtrompete blasen.

Die Völker leben, da wir uns in einer Uebergangszeit zweier grosser Weltperioden befinden, in welcher unsere bisherige gesellschaftliche Ordnung in Trümmer zu gehen droht, in der aufregendsten Unruhe und Bestürzung. Aber auch die Völker müssen ihren Prügelknaben haben; und ihr Los fiel wieder einmal auf den alten Prügelknaben der Weltgeschichte, das Volk der Juden. — Im Mittelalter sollen diese die Brunnen vergiftet, Hostien geschändet und christliche Kinder zum Passahopfer hingeschlachtet haben; heute gibt man ihnen Schuld, die gegenwärtige sociale Weltordnung zu bedrohen. Erziehen die Völker nicht selber das Volk der Juden zum Stolzen heran? Die Handvoll Juden sollte wirklich im Stande sein, in einem Zeitraume von kaum dreissig Jahren die europäische gesellschaftliche Ordnung, die seit 1800 Jahren besteht, mit einem Stosse umzustürzen? Wir wären stolz darauf, wenn wir eine so grosse Kraft besässen, wie sie uns unsere Feinde zuschreiben. Doch der Wahrheit ihren Zoll: Man überschätzt uns; wir müssen bescheiden den uns gewaltsam aufgedrungenen Ruhm ablehnen, eine solche Riesenthat vollbringen zu können.

Wäre dem aber so: Verdient eine sociale Weltordnung, die auf so schwachen Füssen ruht, dass ein leiser Stoss sie umstürzen kann, noch überhaupt zu bestehen? Dank müsste man in diesem Falle den Juden wissen, dass sie eine neue, glückliche Weltperiode eröffnen.

Der künftige Historiker wird über die Rodomontaden der Antisemiten, die wir bei den gegenwärtigen Verhältnissen leider in vollem Ernste aufzunehmen gezwungen sind, ebenso mitleidig lächeln, wie wir heute nur unter Staunen die mittelalterlichen Märchen von der Brunnenvergiftung und Hexenverbrennung lesen können. Uns ist diese Ruhe noch nicht beschieden; wir leben in einer Zeit des Kampfes. Doch w i r wollen Frieden schliessen, denn genug ist des zweitausendjährigen Haders. Höre man unbefangen unsere Bedingungen! Unser Losungswort ist nicht das schroffe: »Non possumus«; wir rufen vielmehr den Völkern das Begrüssungswort der Semiten zu: »Schalom alekem«, »Friede sei mit Euch!«

Wien, den 12. Februar 1884.

Der Verfasser.

Vorrede zur zweiten Auflage.

Motto: „Der Wahrheit eine Gasse."

Die erste, 2000 Exemplare umfassende Auflage dieser Schrift war innerhalb zweier Wochen im Buchhandel völlig vergriffen. Schon diese Thatsache allein könnte als ein genügendes Zeugniss dafür gelten, dass es dem Verfasser gelungen ist, den unsere Zeit so mächtig bewegenden Fragen den entsprechenden Ausdruck zu verleihen. Aber auch eine grosse Anzahl der bedeutendsten Schriftsteller, Gelehrten und Politiker Europas[*]) sprachen dem Verfasser unverhohlen ihre Zustimmung zu dem offenen und rückhaltslosen Einstehen für die Sache der wahren Religion und der freien Gesinnung aus; diese Zustimmung der Besten unserer Zeit darf wohl der Verfasser als eine Bekräftigung seiner obigen Ansicht ansehen.

Wir hoffen, dass die Schrift in ihrer jetzigen Gestalt auf jeder Seite dem ihr vorgesetzten Motto vollauf entsprechen werde: Wir blickten nicht nach Oben und nicht nach Unten, weder nach Rechts noch nach Links; geradeaus, der Wahrheit ins Angesicht, war unser Blick gerichtet. Wir sprechen

---

[*] Wir nennen nur: Robert Hamerling, Adolf Wilbrandt, L. A. Frankl, Alfred von Arneth, Jules Oppert, Max Müller, Th. Gomperz, Aug. Wünsche, Carl Siegfried, A. Kuenen (im Namen der theologischen Facultät Leiden), Baron Nikolaus Vay, Adolf Fischhof, Karl Wolfrum etc.

nur zu Denjenigen, welche muthig genug sind, der Wahrheit unbekümmert um persönliche Vortheile nachzustreben, und nicht davor zurückschrecken, derselben, wenn es Noth thut, auch unverhohlen Ausdruck zu verleihen. Wer diesen Muth nicht besitzt, der lasse das Buch lieber ungelesen, denn wir nehmen keine Rücksicht auf Leser, welche die Wahrheit in ihrer reinen Gestalt zu vertragen nicht im Stande sind. — Doch halten wir es für nöthig, hier mit aller Entschiedenheit zu erklären, dass wir hier nicht als officieller Mandatar des Judenthums das Wort ergreifen, sondern nur unsere persönliche Ueberzeugung zum Ausdrucke bringen. Der Verfasser allein und nicht das Judenthum ist für die in seiner Schrift ausgesprochenen Ideen verantwortlich: Fühlt sich eine Person oder ein Stand durch unsere Worte verletzt, so mögen sie hervortreten und von dem Verfasser Rechenschaft verlangen. Wir werden triftigen Beweisgründen unser Ohr nicht verschliessen und als Freund der Wahrheit nicht einen Augenblick davor zurückschrecken, einen begangenen Irrthum einzugestehen: Das Forum der Oeffentlichkeit ist ja dazu da, damit auf demselben beide Parteien gehört werden.

Dank den vielfachen Anregungen, welche uns die Urtheile jener hervorragenden Männer gewährten, gewann die zweite Auflage mehr als den doppelten Umfang der ersten: die Ausführungen S. 51—136 sind als völlig neue Partie hinzugekommen.

Durch ein Missverständniss des Redacteurs eines angesehenen Wiener Blattes wurden unter denjenigen Männern, welche den Inhalt unserer Schrift billigten, auch solche aufgezählt, die von ihrem Standpunkte nur zum Theile unsere Ausführungen billigen konnten. Wir bedauerten lebhaft den unliebsamen Irrthum, doch glaubten wir jener Notiz keine grössere Bedeutung beilegen zu sollen. Zu unserem Erstaunen erschienen jedoch vor einiger Zeit in jenem Blatte Proteste der Professoren: Paul de Lagarde in Göttingen und Th. Nöldeke in Strassburg gegen die Zumuthung, als ob auch sie unserer Schrift ihre volle Anerkennung aus-

gesprochen hätten. Wir erklären hiermit, dass Paul de Lagarde
in seinem Schreiben auch nicht mit einem Worte auf den
Inhalt des Werkes einging; es war rein formaler Natur.
Nöldcke's Brief aber drucken wir, um jedem Missverständnisse
vorzubeugen, neben dem Victor v. Scheffel's dem Wortlaute
nach im »Anhange« ab.

Zum Schlusse können wir nicht umhin, Seiner kaiserlichen und königlichen Hoheit dem Kronprinzen des Deutschen Reiches; Ihren kaiserlichen Hoheiten: Den Herren Erzherzogen Karl Ludwig, Ludwig Victor und Johann Salvator; Ihren königlichen Hoheiten: Dem Herrn Grossherzog von Baden; dem Prinzen Leopold von Bayern; dem Herzog Dr. Karl Theodor in Bayern und dem Prinzen Philipp von Coburg; — ferner Ihren Excellenzen: Dem General-Feldmarschall Graf Moltke; dem französischen Botschafter am Wiener Hofe. Graf Alexander Foucher de Careil; dem Oberstkämmerer Seiner Majestät des Kaisers Franz Josef I. und Präsidenten des österreichischen Herrenhauses Graf Ferd. Trauttmansdorff; dem Landes-Commandirenden von Mähren und Schlesien, FZM. Baron Franz Vlasich; dem Lord-Mayor von London etc. etc. den ehrfurchtsvollsten und ehrerbietigen Dank für die hohe Ehre abzustatten, welche die genannten hohen Persönlichkeiten dem Verfasser durch die freundliche Entgegennahme seiner Schrift erwiesen haben.

So gehe denn das Buch unter günstigen Auspicien zum zweiten Male in die Welt hinaus und erwerbe sich neue Freunde. »Bekämpfe es«, um mit den schönen Worten des Erzherzogs Johann in seinem Handschreiben an den Verfasser vom 8. März 1884 zu schliessen, »muthig die bedauerlichen, unsere Zeit noch umnachtenden Vorurtheile« und trage es dazu bei, »einen durch geläuterten Freisinn begründeten Frieden« in der Menschheit in nahe Zukunft zu rücken!

Wien, den 3. April 1884.

Der Verfasser.

1

Die Mischehedebatte im ungarischen Oberhause und deren Resultat werden noch für lange Zeit nicht allein die politische Welt, sondern alle betheiligten Kreise in Athem halten. Vom politischen Standpunkte ist die Bedeutung des Mischehegesetzes vielleicht nicht höher anzuschlagen, als die irgend eines Gesetzes, das tief in die Gewohnheiten und Sitten des Volkes eingreift; anders steht es, wenn man die sociale und culturhistorische Seite der Frage ins Auge fasst.

Das fieberhafte Aufbieten des ganzen schwarzen Banners, das der Ecclesia militans jenseits der Leitha zu Gebote stand, die Erregung, mit der man im Lande selbst und weit über die Grenzen desselben dem Resultate der Abstimmung entgegensah, lassen uns deutlich erkennen, dass es sich hier um weit mehr, als um die Frage handle, ob Koloman Tisza und sein Cabinet am Ruder bleiben oder nicht.

Die jungen, adeligen Herren, die vom Spieltische des Casinos in den Museumssaal rannten, um auch da einmal »mitzuspielen« und die Räume des ungarischen Oberhauses mit wüstem Lärme zu erfüllen, hatten begreiflich keine Ahnung von der Bedeutung der Dinge, zu deren Entscheidung sie durch die merkwürdigen Institutionen ihres Landes mitberufen wurden. Hätte vielleicht Tisza vor der Einbringung des Mischehegesetzes ein »Schuldentilgung«gesetz für arme, verschuldete Cavaliere« eingebracht, wir hätten wohl tausend gegen eins

1

wetten dürfen, dass die »adelige Blüte« Ungarns der eifrigste Verfechter der Regierungsvorlage gewesen wäre.

Aber wir brauchen nicht einmal so weit zu gehen. Ein einfaches Wettrennen oder Kegelschieben, von einem schlauen Anhänger der Regierungspartei an demselben Tage veranstaltet, an dem die Abstimmung stattfinden sollte, hätte unzweifelhaft den Reihen der blauschwarzen Opposition mehr als neun theuere Häupter entrissen. Doch lassen wir diese Hypothesen; nehmen wir die Thatsachen, wie sie sich gestaltet haben, und ziehen aus ihnen unsere Folgerungen.

Jeder wahre Freund des unverfälschten Liberalismus, welcher Confession er immer angehören möge, hat gewiss mit hoher Freude die Einbringung des in Rede stehenden Gesetzes begrüsst. Denn dasselbe bezeichnet einen unermesslichen Fortschritt in der Culturgeschichte der Menschheit. Wäre das ungarische Oberhaus ein Parlament, dessen geistige Potenz dem österreichischen Oberhause gleichkäme — was bei der gegenwärtigen Zusammensetzung des ersteren ein Ding der Unmöglichkeit ist — wir hätten anlässlich des Mischehegesetzes in demselben eine jener Debatten vernommen, wie sie so oft in dem alten Hause in der Herrengasse zu Wien vernommen wurden, wenn es sich um grosse Culturfragen handelte; Debatten, welche trotz der materiellen Niederlage der liberalen Partei zu den ruhmvollsten Momenten in der Geschichte derselben gezählt werden müssen.

Doch auch so bleibt der 12. Januar 1884 ein merkwürdiges Datum in der Culturgeschichte Ungarns. Das liberale Ungarn kann sein Haupt ruhig niederlegen, denn es hat, so viel an ihm war, gethan, um im Angesichte der civilisirten Menschheit die Schmach zu tilgen, welche die Bary und Istoczi durch ihr schändliches Treiben über ihr Vaterland gebracht haben. Wir können die Bewohner eines Landes nicht für die unheilvollen Institutionen desselben verantwortlich machen. Wäre die Zusammensetzung des Oberhauses eine andere gewesen, die Magnatentafel wäre Hand in Hand mit dem Abgeordnetenhause vor die Welt hingetreten und

hätte in feierlichster Weise den Antisemitismus und dessen
Schleppträger desavouirt, und der alte Ruf des liberalen Ungarns wäre für immer wiederhergestellt gewesen. Doch, was
nicht war, kann noch geschehen. Und wenn die geplante
Reformation des Oberhauses durchdringt, so kann das voreilige politische »Mitspielen« im Museumssaale die jungen
Herren leicht um ihren Sitz im Oberhause gebracht haben
und sie werden sich dann wieder damit begnügen müssen,
dem Jagd-, Renn-, Hunde- und Spielsporte nachzugehen und
den ernsten politischen Kampf berufeneren Händen zu überlassen.

Betrachten wir nun die Frage von ihrer religiösen Seite.

Bekanntlich zeigte Cardinal Haynald anlässlich der Mischehedebatte ein gegen das Gesetz gerichtetes Gutachten des
Prager Oberrabbiners Marcus Hirsch vor, das der Cardinal für
werth hielt, dem erzbischöflichen Archive für ewige Zeiten
einzuverleiben. Cardinal und Rabbi — kein neues Bild mehr;
denn Extreme berühren sich eben. Merkwürdig und doch
so leicht begreiflich: Die streng orthodoxen Juden befinden sich
in vielen Fragen auf Seiten der Vertreter der Kirche, die
ihnen und noch mehr ihren Vorfahren feindlich gegenüberstand und öfters ihren Untergang geplant hatte! Ein orthodoxer, dabei sehr intelligenter und welterfahrener, reicher
Grosshändler in Berlin, in dessen Hause wir vor einiger Zeit
sehr viel verkehrten, erzählte uns, dass er im letzten Sommer
gelegentlich seines Aufenthaltes in Bad Ems mit Cardinal
Haynald und dem politischen Führer der Katholiken Deutschlands, Herrn Windthorst, intime Freundschaft geschlossen habe.
Auch Herrn Oberrabbiner Marcus Hirsch lernte Cardinal Haynald
in Bad Ems kennen, und dort war es, wo er seinen Amtsbruder um das Gutachten anging. Also mit einem Worte:
Die orthodoxen Juden zittern an Leib und Seele, wenn sie
daran denken, dass die Mischehevorlage zum Gesetze werden könnte.

Wie verhält sich nun das liberale Judenthum zu unserem Gesetze? Verwirft oder billigt es dasselbe?

Die Religion des Judenthums in ihrer reinen Gestalt ist auf den beiden Sätzen des alten Testaments: »Der Ewige, unser Gott, ist ein einig-einziger Gott« und »Liebe deinen Nächsten wie dich selbst« aufgebaut.* Wer den ersteren vollinhaltlich anerkennt und den zweiten in seinem Verkehre mit seinen Nebenmenschen bethätigt, ist seiner Religion nach Jude, — denn wir verstehen eben unter einem solchen einen humanen Bekenner des reinen Monotheismus — mag er nun die Taufe in einer katholischen oder protestantischen Kirche, in einer arabischen Moschee, in einem indischen oder chinesischen Tempel empfangen haben. Er ist damit allerdings noch kein Mitglied der jüdischen Nation, aber er ist Jude im Sinne der grossen jüdischen Propheten, der eigentlichen Begründer des Judenthums in seiner universalhistorischen Bedeutung. Denn was wollte Jesaias mit seinen Worten: »Es wird einst kommen der Tag, wo alle Völker der Erde den Berg Zion hinansteigen und den Namen Gottes anerkennen werden« anderes sagen, als dass es im Plane des Weltenschöpfers gelegen sei, dass nach so und so vielen Hunderten oder Tausenden von Jahren alle Bewohner der Erde ohne Unterschied der Nationalität e i n e grosse Familie bilden und dem reinen Monotheismus und der Humanität huldigend, friedlich neben einander wohnen werden? Was der Prophet Maleachi mit seinen erhabenen Worten: »Haben wir nicht Alle e i n e n Vater, einen Schöpfer, der uns insgesammt bereitet hat?«

Nur das zähe Festhalten an dieser erhabenen messianischen Idee verhinderte, dass das Judenthum zur Zeit Christi in dem Christenthum aufging. Die Juden hielten die damalige Weltperiode mit ihren politischen, religiösen und so-

---

* Wir erinnern zur Steuer der Wahrheit unserer Behauptung an die bekannte Erzählung, dass der grosse Rabbi Hillel einem Heiden, der zum Judenthum übertreten wollte, den ganzen Inhalt der Thora in jenen einen Satz zusammenfasste; die übrige Thora sei nur ein Commentar zu demselben.

cialen Wirrsalen und Schrecknissen nicht für den glückverheissenden Zeitpunkt, der ihnen von den Propheten in Aussicht gestellt wurde, »wo die Völker ihre Schwerter zu Pflugschaaren und ihre Spiesse zu Sicheln machen werden; wo kein Volk wider das andere das Schwert erheben und der Krieg ein Ende haben wird« (Jesaia II. 4),* wo »die Wölfe bei den Lämmern ruhen und die Parder bei den Böcken liegen werden und ein Knabe Kälber und junge Löwen und Mastvieh mit einander auf die Weide treibt« (ibid. XI. 6). — Nur für die morsche und zerrüttete Welt des Heidenthums, die keine Befriedigung mehr in ihren alten Göttern und Philosophensystemen fand, war der Messias erschienen, d. i. der Zeitpunkt, wo sie in eine neue geistige Welt eintreten sollte; der grösste Theil der jüdischen Nation hielt zähe an seinem alten Glauben und seiner Nationalität fest. Er bewahrte sie ungeschmälert bis ins vorige Jahrhundert. Mit der Periode der Aufklärung in Deutschland und der Revolution in Frankreich, noch mehr mit der Emancipation der Juden in dem grössten Theile Europas vor mehreren Jahrzehnten trat ein neuer Wendepunkt in der Geschichte des jüdischen Volkes ein. Es gibt von nun an im eigentlichen Sinne des Wortes, keine Geschichte der Juden mehr, sondern nur eine Geschichte des Judenthums als Religion. Die Juden sind als eben- und vollbürtige Söhne ihres Vaterlandes anerkannt; sie nehmen mit ihren übrigen Mitbürgern gleichen Antheil an dem Schicksale desselben, freuen sich mit seinem Wohle und trauern mit seinem Unglücke; sie fühlen sich nicht mehr wie früher, wo sie von allen Seiten schnöde und in beschämender Weise zurückgestossen wurden, fremd in dem Lande, in dem sie geboren wurden.

---

* Es ist bemerkenswerth, dass die Idee der heutigen »Friedensfreunde«, welche den Krieg aus dem Getriebe der Völker entfernen wollen, eine jüdische Idee ist, die vor mehr als 2600 Jahren in dem kleinen Palästina zu einer Zeit ausgesprochen wurde, wo die ganze Welt ringsumher in den Banden der rohen Gewalt gelegen war.

Der Jude streift mit jedem Tage das Fremde, das an ihm durch seine Jahrhunderte lange Unterdrückung hangen blieb, immer mehr ab, und es wird eine Zeit kommen, wo er von seinem christlichen Mitbürger nicht nur Rechtens, sondern auch de facto als Bruder anerkannt werden wird.

Ist dieser Tag bereits erschienen? — Wehmuthsvoll müssen wir diese Frage verneinen, und noch manche Generation nach uns wird auf jene Frage dieselbe Antwort ertheilen. Aber das darf uns nicht hindern, jene glückliche Zeit herbeizusehnen und alles zu thun, was ihre Ankunft beschleunigen könnte.

Das Judenthum ist die einzige Religion — sagt der berühmte französische Orientalist James Darmesteter in seiner vor einigen Wochen von uns in deutscher Uebersetzung veröffentlichten Abhandlung: »Die Philosophie der Geschichte des jüdischen Volkes« — welche den geistigen und socialen Fortschritt nicht zu fürchten hat; denn mit jedem Fortschritte in der Menschheit rückt das Judenthum seinem Ziele näher.

Wir müssen sonach, um auf unseren Gegenstand zurückzukommen, vom Standpunkte des vorgeschrittenen Judenthums die Einbringung des Mischehegesetzes mit hoher Freude begrüssen. Denn es beweist uns, dass der messianische Geist sich in Kreisen zu regen beginnt, die bisher dem Judenthum zumeist feindlich gegenüberstanden.

Müssen wir es nicht als ungeheueren Fortschritt bezeichnen, wenn einige Jahrzehnte, nachdem die Juden aus dem Banne der Knechtschaft befreit wurden, die gewählten Vertreter des ungarischen Volkes und der beste Theil seines Adels vor aller Welt ein lautes »Pater peccavi« dafür ausrufen, dass sie so lange das jüdische Volk unterdrückt und mit Füssen getreten haben; dass sie als Genugthuung die früheren Parias, die sie ehemals keines Blickes werth hielten, schon nach einer so kurzen Zeit für würdig erachten, sich mit ihnen zu verschwägern? Mit leuchtenden Buchstaben wird es in der Culturgeschichte des 19. Jahrhunderts verzeichnet bleiben, dass im Jahre 1884 Prinz Philipp von Sachsen

Coburg-Gotha, ein naher Verwandter dreier regierender, katholischer Höfe in Europa, und Hunderte der stolzesten Magnaten des katholischen Ungarns, an ihrer Spitze der 83jährige, vielbewährte Vorkämpfer für Freiheit und Fortschritt, Baron Nikolaus Vay, und der ehemalige Minister des Aeussern, Graf Julius Andrassy für die Verschwägerung der Christen mit Juden vor aller Welt eintraten, nachdem noch 1848 ein Angehöriger dieses Volkes nicht das Amt des untergeordnetsten Amtsdieners erreichen konnte! . . . .

Wir haben — was mit unseren eben geschehenen Aeusserungen im Widerspruche zu stehen scheinen könnte — bei einer anderen Gelegenheit* den Austritt einzelner Individuen aus dem religiösen Verbande des Judenthums aufs Schärfste verdammt; wir halten unsere damalige Ansicht in diesem Punkte noch jetzt in ihrem vollen Umfange aufrecht.

Man könnte nämlich leicht statistisch nachweisen, dass bisher vielleicht noch kein Convertit aus innerer Ueberzeugung die Religion des Judenthums verlassen habe; es geschah aus Feigheit oder anderen, noch gemeineren Motiven.

Der Eine schwört seine Religion ab und zerreisst das Band, das ihn bisher mit seinen Glaubens- und Stammesgenossen vereinigt hatte, um früher einen Volks- oder Gymnasiallehrerposten zu erhalten, der andere nimmt, um in seiner gerichtlichen Praxis befördert zu werden, den Herrn Oberlandesgerichts-Präsidenten oder gar den Cardinal zum Taufpathen. Wider seine innerste Ueberzeugung aber, wegen materieller Vortheile seinen Glauben abschwören, muss als feige und gemeine Handlung bezeichnet werden, mag der Betreffende ein armer Candidat, ein Universitätsprofessor oder Hofrath sein.** Das Judenthum verliert sehr wenig an solchen charakterlosen Individuen; ebenso wenig aber gewinnt die

---

* In unserer Schrift »Presse und Judenthum«. Wien 1882. Zweite Auflage.

** Es ist selbstverständlich, dass wir hier keine besonderen Persönlichkeiten im Auge haben.

Gesellschaft, in die sie sich kriecherisch und speichelleckend eindrängen, ohne von ihr beachtet zu werden.

Das Erste, was wir von einem Manne erwarten, ist Charakterfestigkeit und der Muth, seiner Ueberzeugung Opfer zu bringen. Wir achten den Mann, der, um seinen politischen Ueberzeugungen — die doch weit weniger als die religiösen mit dem ganzen Wesen des Menschen verwachsen sind — nicht zuwider zu handeln, sein Amt und seine Ehren niederlegt und ins Privatleben zurückkehrt. Wie kann daher der Staat Menschen, die sich so sehr über jedes Ehr- und Mannesgefühl hinweggesetzt haben, dass sie ihre heiligsten Ueberzeugungen für ein Stück Brod oder einen eitlen Orden preisgeben, zu Lehrern und Richtern seiner Bürger ernennen?

Angesichts solcher Erscheinungen drängt sich mit elementarer Gewalt die Frage in den Vordergrund: Sollen die Juden die Taufe nehmen, dadurch ihre Sonderexistenz aufgeben und sich mit den christlichen Völkern verschmelzen oder nicht? Diese Frage zu beantworten, soll die Aufgabe der folgenden Blätter bilden.

»Betrachtungen dieser Art gehören in das Kämmerlein, nicht in die öffentliche Discussion«, meint Theodor Mommsen.*

Wir bedauern, in diesem Punkte unserem ehemaligen, hochverehrten Lehrer widersprechen zu müssen. — Die jüdische Welt, die durch die Emancipation von ihrem zweitausendjährigen unsteten Umherirren und unsagbaren Leiden endlich ausruhen zu können hoffte, ist seit einigen Jahren wieder die Zielscheibe des Hasses der Völker: Haman und Amalek und Apion sind wieder, nur unter anderer Gestalt, erschienen.**

* »Auch ein Wort über unser Judenthum.« Berlin 1881. 5. Aufl. pag. 15.
** Bei dieser Gelegenheit können wir nicht umhin, den kürzlich in Wien (Alfred Hölder, 1883) erschienenen, geistvollen Roman »Apion« aufs Wärmste zu empfehlen, in welchem uns der geniale, anonyme Ver-

Man findet im Lager des Antisemitismus, in das täglich neue Scharen Unzufriedener hinüberziehen, kein Mittel für niederträchtig genug, als dass es nicht gegen das bestgehasste Volk der Erde in Anwendung gebracht werden sollte. Auf der einen Seite stösst man die Juden von sich, wie die Ablehnung des Mischehegesetzes im ungarischen Oberhause deutlich beweist; auf der andern macht man ihnen das Festhalten an den Sonderheiten ihrer Nation und Confession zum Vorwurfe. Die drei Matadore des Antisemitismus, gleichsam der gelehrte Generalstab desselben, Richard Wagner, Arthur Schopenhauer und Dühring, sprechen den Juden rundweg jede Begabung in künstlerischer, wissenschaftlicher und politischer Beziehung ab; anderseits aber überschüttet man die Juden mit Gift und Galle, weil sie durch ihre hohe Begabung, ihren Scharfsinn und Fleiss den nicht-jüdischen Künstlern, Gelehrten und Beamten nicht selten den Rang ablaufen. Der krasse Widerspruch in diesem Verfahren der Feinde der Juden liegt auf der Hand und zeigt uns deutlich, wie verworren die Vorstellungen derselben über ihre Ziele und die gegen die Semiten anzuwendenden Mittel sind.

Was sollen wir bei solcher Lage der Dinge thun? rufen verzweifelt die Juden unserer Tage, und wir erachten es eben deshalb für unsere Pflicht, die grosse, welthistorische Frage nicht »ins Kämmerlein« zu weisen, sondern vor das Forum der öffentlichen Discussion zu ziehen. Wir haben unser Votum bereits abgegeben; wir haben dasselbe im Folgenden nur zu begründen.*

Was will man denn von dem unglücklichen, winzigen Völklein der Juden, das an allen Enden der Erde zerstreut

---

fasser in die Wiege des Christenthums und damit auch zugleich in die des Antisemitismus einführt. Warum hüllt sich der Dichter in ein so geheimnissvolles Dunkel? Er braucht sich wahrlich seines Geistesproductes nicht zu schämen, das sich kühn neben die besten historischen Romane unserer Zeit stellen kann.

* Vergl. unser Werk »Presse und Judenthum«. 2. Aufl. p. 32—47.

sein Dasein fristet, und seine Pflichten gegen Gott, Staat und Mitbürger treu erfüllt? Habe man doch Mitleid mit diesem Ahasver unter den Nationen! Welches Verbrechen beging es denn an der Menschheit, insbesondere an der christlichen Welt, für das es seine Strafe büssen sollte? Etwa dafür, das es Jesum und Paulum und die Apostel und mit ihnen das Christenthum aus seiner Mitte erzeugte; dass es der Welt die reine Gotteserkenntniss und die höhere Moral geschenkt hat?

Rufen wir für diese Wahrheit, die, wenn sie der Welt schon vor einigen Jahrhunderten in Fleisch und Blut übergegangen wäre, der Geschichte der Menschheit so manches traurige Capitel erspart hätte, einige glaubwürdige unparteiische Zeugen auf!

»Loyson, der Prediger der gallicanischen Kirche in Paris, rief seinen christlichen Zuhörern in einer seiner Kanzelreden aus dem Jahre 1882 begeistert die Worte zu: »Die Juden sind die Eltern der christlichen Welt, Israel ist der Vater der religiösen Menschheit.«

Der berühmte katholische Philosoph F. Huet sagt in seinem grossen Werke »La Révolution réligieuse aux dix-neuvième siècle« (Paris 1869) p. 252: »Les juifs représentent une branche importante de nos ancêtres les plus légitimes; outre la reconnaissance filiale, nous leur devons une réparation. Après les avoir atrocement persecutés, nous leur denions trop souvent l'honneur qui leur revient d'avoir inauguré dans le genre humain la révolution morale et religieuse et surtout la révolution sociale.«[*]

Der ehemalige französische Minister und berühmte Geschichtschreiber Guizot behauptet in seinen »Méditations sur l'essence de la réligion chrétienne« (Paris 1864) p. 227: »C'est en

---

[*] »Die Juden bilden einen wichtigen Zweig unserer legitimaten Vorfahren. Ausser einer kindlichen Dankbarkeit sind wir ihnen auch eine Ehrenrettung schuldig. Nachdem wir sie grausam verfolgt haben, versagen wir ihnen nun die ehrenvolle Anerkennung, die ihnen dafür gebührt, dass sie die moralische, religiöse und sociale Revolution im Menschengeschlechte ins Werk gesetzt haben.«

effet des Juifs et des Grecs que dérive essentiellement la civilisation moderne. Les Grecs en ont été l'élément humain et intellectuel; les Juifs l'élément divin et moral. Et dans ces origines la part des Juifs est si non la plus brillante, du moins la plus haute et la plus chèrement achetée.«*

Lord Beaconsfield sagt in seinem »Political Biography of Lord George Bentinck« London 1852:**

»Vor vierzig Jahren (keine längere Periode, als die Kinder Israels durch die Wüste zogen) waren die zwei erniedrigtesten Racen die attische und die hebräische, gerade die zwei Stämme, die am meisten für die Menschheit gewirkt haben. Ihre Schicksale haben viel Aehnliches: ihre Länder waren die zwei kleinsten der Welt, gleich unfruchtbar, gleich berühmt; beide Völker theilten sich in Stämme; beide bauten einen der berühmtesten Tempel auf einer Akropolis und beide haben eine Literatur hervorgebracht, von allen europäischen Nationen mit Ehrfurcht und Bewunderung aufgenommen. Athen ist öfter geplündert worden als Jerusalem und öfter der Erde gleich gemacht, aber die Athener sind der Vertreibung entgangen, welche blos ein orientalischer Gebrauch ist. Die Leiden der Juden aber sind ungemein dauernder und verschiedenartiger 'als die der Athener gewesen. Doch scheint der Grieche schon erschöpft. Im Gegentheil, nie schien die schöpferische Kraft Israels so glänzend wie jetzt, und schwer ist es zu begreifen, wie der Russe, der Franzose, der Angelsachse mitten unter dem Beifalle, welchen er im Theater jüdischen Künstlern spendet, trotz der stummen Bewunderung, welche er im Tempel den Stimmen jüdischer Sänger zollt, dennoch so viel Groll in seinem Herzen finden kann, einen Juden zu verfolgen.«

---

* »Die ganze moderne Civilisation leitet sich vorzüglich von den Juden und Griechen ab. Die Griechen bildeten das humane und intellectuelle Element; die Juden das göttliche und moralische. Der Antheil der Juden ist, wenn auch nicht der glänzendere, so doch gewiss der erhabenere und theuerer erkaufte.«

** Jellinek: »Im Vaterhause Lord Beaconsfield's«. p. 13. Wien 1881.

Emilio Castelar endlich sagt in seinem, an den letzten Wiener »Deutschen Schriftstellertag« gerichteten Sendschreiben: »Wenn der Athener der Künstler, der Römer der Politiker, der Phönizier der Handelsmann, der Assyrer der Astronom, der Egypter der Astrolog und der Perser der Soldat ist, so ist der Jude durch seinen Tempel und durch seinen Gott der Priester des Alterthums. Die Hauptideen unserer Theologie, die Idee des absoluten und ewigen Seins ist seine Idee; das Moralgesetz, das uns noch jetzt mit seinen unzerstörbaren Geboten beherrscht, ist geschrieben worden in der Glut des Dornbusches am Horeb und beim Funkeln der Blitze des Sinai. Nur die Zähigkeit eines solchen Volkes konnte die eine Idee der Einheit Gottes unverletzt erhalten, als die Sphinxe auf ihren Piedestalen von Granit sich bewegten und die Nymphen und Sirenen ebenso in den Wogen der Lüfte, wie in dem Lauf der Bäche sangen, um die Welt heidnisch zu machen.« . . .

Vor solchen Zeugen wird wohl selbst der fanatischeste Judenfeind sich beugen und das Verdienst des jüdischen Volkes um die Menschheit anerkennen müssen.

Das Judenthum schenkte aber ferner der Welt auch die Bibel, »das grosse Erziehungsbuch der Menschheit«, das noch jetzt den Geist der reinen Gotteserkenntniss und der Humanität in alle Enden der Erde bis hinaus zu den Wilden Afrikas und Australiens trägt; ein Buch, aus dem die grössten Männer aller Völker und Zeiten, Dichter, Künstler und Staatsmänner einen grossen Theil ihrer geistigen Nahrung geschöpft haben. Was verdanken nach ihrem eigenen Geständnisse Luther und Goethe, Herder, Klopstock, Milton und die meisten übrigen grossen Dichter des vorigen Jahrhunderts der Bibol?*

Vernehmen wir wieder zwei unparteiische Zeugen.

---

* Presse und Judenthum, p. 126 f. Vgl. Renan (De la part des peuples sémitiques dans l'histoire de la civilisation, Paris 1862). ». . . Milton, Lamartine, Lamenais n'existeraient pas, ou n'existeraient pas tout entiers sans les psaumes.«

Laffite, »Les grands types de l'humanité«, Paris 1875, I, p. 215 f.: »Les hommes (sc. les héros de la Bible) par leur hardiesse, par leur énergie, par leur héroïsme, n'ont cessé d'étonner le monde; ils ont été les modèles sur lesquels de grands guerriers et de grands politiques ont tenu leurs regards sans cesse attachés; ils ont inspiré plusieurs de plus belles productions esthétiques dont se glorifie l'Humanité. C'est dans les héros de la Bible que Cromwell a cherché l'exemple des vertus, qu'il a montrées; c'est la Bible qu'il a mise entre les mains de ses soldats, pour en faire l'invincible armée, dont l'histoire a enregistré les hauts faits: c'est dans la Bible qu'un siècle plus tard, Haendel puisa l'ardeur patriotique qu'il mit dans l'âme de son Judas Macchabée. Où donc, sinon dans la Bible, Michel-Ange a-t-il puisé le type colossal de son Moïse? Où donc Mahomed s'est-il inspiré avant de fonder une religion nouvelle et de tenter la conquête du monde?« [*]

Ernst Renan sagt:[**] »Wie wunderbar ist das Schicksal Ihres heiligen Buches, der Bibel, die der Geistes- und Sittlichkeitsquell der civilisirten Menschheit geworden ist! Wenn

[*] Diese Helden der Bibel haben durch ihre Kühnheit, durch ihre Energie und ihren Heroismus nicht aufgehört, der Nachwelt Staunen und Bewunderung einzuflössen. Sie waren die Muster, auf die grosse Helden und Staatsmänner unaufhörlich ihr Augenmerk gerichtet hatten; sie haben die herrlichsten ästhetischen Schöpfungen inspirirt, deren sich die Menschheit rühmen kann. In den Helden der Bibel hat Cromwell das Muster für die Tugenden gesucht, die er vor der Welt bewies. Die Bibel gab er seinen Soldaten in die Hände, um sie zu einer unbesiegbaren Armee zu machen, deren Heldenthaten die Weltgeschichte in markigen Zügen eingezeichnet hat; aus der Bibel hat ein Jahrhundert später Händel die patriotische Begeisterung geschöpft, die er der Seele seines Juda Makkabi einflösste. Wo anders her, als aus der Bibel hat Michel-Augelo den colossalen Typus für seinen Moses genommen? Wo anders her hat Mohamed seine Begeisterung geschöpft, bevor er eine neue Religion gründete und mit dieser ausging, um die Welt zu erobern?«

[**] In seinem Vortrage »Judenthum und Christenthum«, gehalten in der »Gesellschaft für das Studium des Judenthums«, p. 6 f.

es einen Fleck Erde gibt, der wenig an Judäa erinnert, so sind es sicherlich unsere im Westen und Norden zerstreuten Inseln. Womit beschäftigt man sich in jenen entlegenen Eilanden, die von Racen bewohnt werden, welche von den Völkern des Orients so unendlich verschieden sind? Mit der Bibel, vor Allem mit der Bibel.

Nordwestlich von Schottland, ungefähr dreissig Wegstunden von der Küste entfernt, mitten im wilden Meere, erhebt sich ein einsamer Felsen, der während der Hälfte des Jahres fast in Finsterniss getaucht ist. Die kleine Insel heisst St. Kilda. Kürzlich las ich sehr merkwürdige Berichte über jenes Eiland, das uns interessante Belehrung über die ungemischte keltische Race zu geben vermöchte. Monate lang lebt man dort ohne jede Verbindung mit dem Reste der Welt. Auf St. Kilda muss man sich sehr langweilen, die Gesellschaft kann dort nicht wohl von mannigfaltiger Art sein. Was treibt man auf diesem kleinen, verlorenen Felseneiland? Man liest die Bibel vom Morgen bis zum Abend; man sucht sie zu verstehen.

Ich habe den Norden Skandinaviens ein wenig besucht, ich habe manches Lager von Lappländern betreten. Die Lappländer sind halb civilisirt; sie können jetzt lesen. Was lesen sie? Die Bibel, immer die Bibel. Sie verstehen sie auf ihre Art, sie fassen sie auf die eigenthümlichste Weise auf, mit einer gewissen Leidenschaftlichkeit und tiefer Intelligenz. Sie haben also das unvergleichliche Privilegium, dass Ihr Buch das Buch der ganzen Welt geworden ist. Sie haben es sich selber zuzuschreiben, wenn alle Welt sich in Ihre Studien mischen will. Sie theilen dieses Privilegium der Universalität mit einer anderen Race, die ebenfalls ihre Literatur allen Jahrhunderten und allen Ländern aufgedrängt hat, mit den Griechen.

Sicherlich würden wir uns beklagen, wenn die modernen Griechen uns etwa sagen wollten: ›Wir allein haben das Recht, uns mit dem Griechischen zu beschäftigen‹. ›Verzeihet‹, würden wir ihnen zurufen, ›alle Welt bewundert Euere alte Literatur, alle Welt hat das Recht, sie zu studiren.‹

So gehört auch die Bibel als ein gemeinsames Gut der Menschheit, der gesammten menschlichen Familie an; alle dürfen an Ihrer Arbeit sich betheiligen.« . . . .

Und sechshundert Jahre, nachdem das Judenthum unter furchtbaren Schmerzen, an denen es noch in unserer Zeit schwer zu leiden hat, die Riesengeburt des Christenthums erzeugt hatte, brachte es die Nachgeburt des Islams hervor. Beide, Christenthum und Islam, waren dazu berufen, die reinen und erhabenen Ideen des Judenthums in einer der Cultur der heidnischen Völker entsprechenden Form diesen zu überliefern.

Das jüdische Volk selbst aber, dem von der Vorsehung zur Entfaltung seines grossen missionellen Berufes in der Weltgeschichte nicht das kleine Palästina, das nur dazu dienen sollte, durch Concentrirung des ganzen Volkes auf einen so beschränkten Raum die Volkskraft zur vollen Entwicklung zu bringen, und das später durch Israel zur Wiege der gesammten religiösen Bildung aller gesitteten Völker wurde — das jüdische Volk, sagen wir, dem die Vorsehung als Wirkungskreis die grosse, weite Welt zuwies, zerstreute sich nach Vernichtung des nationalen Staates nach allen Enden des Erdballs und zog so gleichsam als stillschweigender Corrector des Christenthums und des Islams mit hinaus in die weite Welt. Und in der That, wenn auch das jüdische Volk während seiner beinahe 2000jährigen Leidensgeschichte seit der Entstehung des Christenthums nicht offen und laut als Missionär der reinen Gotteserkenntniss unter den Völkern aufgetreten war, diese lernten und lernen doch durch das jüdische Volk nach und nach die heidnischen Ueberreste, die sich mit Zähigkeit noch vom Urbeginn des Christenthums und des Islams her bis auf unsere Tage an jene wie ein dicker Rost angesetzt haben, abstreifen, indem sie in ihrer Mitte ein Volk sehen, das die wahre und reine Gotteserkenntniss ohne jede abergläubische Beimischung in weihevoller Stille pflegt und ausübt.«

---

* Presse und Judenthum, p. 34 f.

Aber auch in der modernen Zeit war der Einfluss der Juden auf den geistigen Entwicklungsgang der Menschheit, obwohl sie doch nur selten Gelegenheit hatten, ihre geistigen Kräfte ganz zu entfalten, in verschiedenen Perioden ein immenser.*

So verdankte Europa — um nur einige Beispiele namentlich anzuführen — in erster Linie den spanischen Juden die Bekanntschaft mit den Schriften des Aristoteles, die bekanntlich auf die meisten Zweige der Wissenschaft im Mittelalter einen geradezu umgestaltenden Einfluss ausgeübt hatten. — Der grosse Jude Spinoza, der gerechte Stolz des jüdischen Volkes in der Gegenwart, war von nicht geringem Einflusse auf die grössten Philosophen und Denker nach ihm (z. B. auf Leibniz, Kant, Herder, Lessing, Goethe u. A.) und so verdanken diese Männer, die weithin glänzenden Leuchten der civilisirten Welt, einen guten Theil ihrer besten Gedanken einem Juden, oder wie Emilio Castelar sagt: »Deutschlands erste Philosophen haben die ersten Principien ihrer Wissenschaft in dem erhabenen Buche eines Juden, in den Theorien Spinoza's buchstabirt«. — Sogar die »Metropole der Intelligenz« in Europa, Berlin »verdankt«, wie J. Minor, Professor der deutschen Literatur an der Prager Universität, behauptet und als »historisch beweisbar« hinstellt, »was es in Bezug auf die Geselligkeit und schöne Literatur geworden ist, seinen Juden«.**

Oder sollen wir endlich noch die vielen Hunderte berühmter Männer und Frauen aus dem Judenthum aufzählen, die ihrem Vaterlande Tage unverwelklichen Ruhmes gebracht und den Fortschritt der Menschheit mächtig gefördert haben?

* Vergleiche die vortreffliche, leider nur zu wenig gekannte Schrift des grossen Naturforschers Schleiden: »Die Bedeutung der Juden für die Erhaltung und Wiederbelebung der Wissenschaften im Mittelalter«, 1876; Libri: »Histoire des sciences mathem. en Italie«, 1865, I. 155 f.; vor Allem aber die bereits erwähnte, geniale Abhandlung James Darmesteter's, deren Verbreitung im Interesse der Aufklärung nicht genug empfohlen werden kann.

** Presse und Judenthum, p. 44.

Einen Moses und Felix Mendelssohn, einen Heinrich
Heine — den Th. Mommsen als das grösste Dichtertalent des
19. Jahrhunderts betrachtet (a. a. O. p. 8) — und Berthold
Auerbach, einen Ferd. Lassalle und Eduard Lasker;
einen Beaconsfield, Crémieux und Josef Sonnenfels etc. etc.?

Verdient nun ein Volk, fragen wir, das, trotzdem es durch
die Grausamkeit seiner Unterdrücker fast zwei Jahrtausende
in finstere, abgeschlossene Ghettos wie das Vieh eingepfercht
wurde, solche Thaten und nach wenigen Jahren genossener
Freiheit Männer, wie die genannten, hervorgebracht hat, beschimpft und verachtet zu werden? »So ist es stets gewesen
und wird es stets sein: Wenn man für die Menschheit arbeitet,
ist man sicher, erst bestohlen und zuletzt gar noch geschlagen
zu werden«, meint Renan tröstend. — Sokrates musste den
Giftbecher trinken, Aristides in die Verbannung gehen; Jesus
wurde an das Kreuz geschlagen, Johannes Huss verbrannt.
Nun, das verfolgte jüdische Volk befindet sich wenigstens in
auserlesener Gesellschaft.

Hören wir einmal über diesen Punkt Lord Beaconsfield:* »Das Leben und das Eigenthum Englands wird von
den Gesetzen des Sinai beschützt. Dem rastlos arbeitenden
Volke Englands wird in je sieben Tagen durch die Gesetze
des Sinai ein Ruhetag gesichert. Und doch verfolgt es die
Juden und beschimpft das Volk, dem es die erhabene Gesetz-
gebung verdankt, welche das unvermeidliche Los der arbeitenden Menge erleichtert. Und wenn diese arbeitende Menge
eine Zeit lang die Arbeit ruhen lässt, welche fast der egyptischen
Knechtschaft gleich kommt, und seinen Darleger der Geheimnisse
des Herzens, seinen Tröster des betrübten Geistes verlangt, den
die Poesie allein gewähren kann — zu wessen Harfe flieht das
Volk von England, um Mitgefühl und Tröstung zu finden?

---

* In seinem Romane Tancred; vergl. Jellinek: »Im Vaterhause
Beaconsfield's«, Wien 1881. p. 10.

Wer ist der volksthümlichste Dichter in diesem Lande? Ist er unter den Mr. Wordsworths und den Lord Byrons, unter abschweifenden Träumereien oder unter Monologen erhabener Uebersättigung zu finden? Sollen wir ihn unter den Witzlingen der Königin Anna suchen? Können wir selbst dem myriadensinnigen Shakespeare die Palme zuerkennen? Nein, der volksthümlichste Dichter in England ist der sanfte Sänger Israels. Seit den Tagen des Erbes gab es niemals ein Volk, welches so oft die Oden Davids sang, als das Volk von Grossbritannien. — So ungeheuer auch die Verbindlichkeiten der ganzen Menschenfamilie gegen das hebräische Geschlecht sind, so verdankt demselben doch kein Theil der modernen Bevölkerung so viel als das britische Volk. Es war das Schwert des Herrn und Gideons, welches die gerühmten Freiheiten Englands gewann; dieselben Lieder singend, welche das Herz Judas erfreuten, erkämpften die Schotten an den Abhängen ihrer Hügel ihre Religionsfreiheit. — Weshalb verfolgen nun diese sächsischen und celtischen Gesellschaften ein arabisches Volk, von welchem sie die Gesetze erhabenen Wohlwollens angenommen und in dessen Literatur sie fortwährend Entzücken, Belehrung und Trost gefunden haben? Das ist eine grosse Frage, die in einem aufgeklärten Jahrhundert mit Recht gestellt werden kann, auf welche aber sogar das selbstgefällige neunzehnte Jahrhundert nur mit Mühe eine Antwort finden würde: Steht es so? Abgesehen von seinen bewunderungswürdigen Gesetzen, welche unseren Zustand erheben, und der herrlichen Poesie, die ihn verschönert, abgesehen von seiner heroischen Geschichte, welche uns zum Streben nach politischer Freiheit angefeuert hat, verdanken wir dem hebräischen Volke unsere Erkenntniss des wahren Gottes und der Erlösung von unseren Sünden.« . . . .

Sollte man aber andererseits ernsthaft glauben, dass einem Volke, wie dem jüdischen, das unter den denkbar schwierigsten Umständen welthistorische Thaten vollbracht hat, jetzt, wo sich seine Kräfte unter der wärmenden Sonne der Freiheit zu regen beginnen, die Sterbestunde bereits geschlagen habe? Nein, das ist unmöglich: das widerspricht der Entwicklung der Völkergeschichte. — Ein Volk schwindet von der Weltenbühne, wenn es seine Mission erfüllt hat und seine physischen und moralischen Kräfte schwinden. So erging es dem alten Egypten und Phönizien, Babylon und Assur, Griechenland und Rom, Kelten und Iberern, und den übrigen zahllosen Nationen, welche die Oberfläche der Geschichte für immer verlassen haben.

Das jüdische Volk, das alle jene Völker überlebt hat, muss somit seine Mission, die darin besteht, die reine Gotteserkenntniss und Humanität unter die Völker der Erde zu verbreiten, noch nicht erfüllt haben; denn sonst wäre das winzige Völkchen längst von dem Fusse seiner Feinde zertreten worden. Und es ist noch ein grosses Stück Arbeit, für Jahrtausende hinreichend, zu schaffen, bis die Menschheit an dem Punkte angelangt sein wird, den bereits die jüdischen Propheten des 8. Jahrhunderts vor Christi Geburt vor Augen hatten. Von den 1400 Millionen Menschen, welche unsere Erde bewohnen, gehört nur der kleinere Theil den monotheistischen Religionen an; bei tausend Millionen sind noch von dem Wahne des Heidenthums befangen. — Wie lange wird es währen, bis auch diese »den Namen Gottes« anerkennen werden? Darüber ist der dichte Schleier der Zukunft gehüllt. Es wäre jedoch thöricht zu glauben, dass das Judenthum allein jene Riesenarbeit vollziehen könne.

Das Judenthum sandte seine zwei Töchter, das Christenthum und den Islam, unter die Völker der Erde aus, um diese zur wahren Gotteserkenntniss heranzuziehen. Das Christenthum gebar den Protestantismus, dieser den Calvinismus und die Lehre Zwingli's, und so werden sich noch viele Enkel aneinander reihen, die jedoch alle stets Rath und Trost, Muth und Belehrung bei der alten Urmutter suchen und finden werden. Die Mutter wird nicht neidisch sein auf die Macht ihrer Enkel und ihnen nicht entgegentreten, denn deren Ruhm ist zugleich der ihrige. Die alte Urmutter wird und soll sich nicht vor ihren Enkeln beugen, auch wenn diese, wie es natürlich ist, physisch stärker sind, als jene. Welch rührend Bild bietet es uns, wenn der kräftige, mannhafte Urenkel sein Knie vor dem uralten Mütterchen beugt und um dessen Segen bittet; wie unnatürlich dagegen ist es, wenn dieses gedemüthigt zu den Füssen jenes liegen sollte!

Mögen darob auch die Feinde der Juden vor Furcht erstarren — es ist unleugbar: »Die gegenwärtige christliche Welt ist jüdisch geworden, indem sie sich zu den Gesetzen der Milde und Menschlichkeit bekehrte, die von den Schülern Jesu gepredigt wurden« (Renan a. a. O. p. 27).

Dem Judenthum gehört die Zukunft.

»Denn das Judenthum, das in der Vergangenheit so gut gedient hatte«, sagt Renan mit Recht (a. a. O.), »wird auch in der Zukunft seine guten Dienste leisten. Es wird der wahrhaften Sache, der Sache des Freisinns, des modernen Geistes dienen. Jeder Jude ist ein Freund des Fortschritts; er ist es seinem innern Wesen nach. Die Feinde der Juden sind bei näherem Zusehen zugleich Feinde des modernen Geistes. Die Begründer des freisinnigen Dogmas in der Religion sind die jüdischen Propheten. Der Jude, indem er dem modernen Geiste dient, thut in Wirklichkeit nichts anderes, als dem Werke dienen, zu dem er mehr als sonst Jemand in der Vergangenheit beigetragen und für das er so viel gelitten hat.« — »Mit einem Worte: Die reine Religion, die wir als das einstige, die gesammte Menschheit zusammenhaltende Band ahnen, wird die Verwirklichung der Religion des Jesaia sein, jene ideale jüdische, von allen beigemischten Schlacken befreite Religion.« (p. 28.) »Das Paradies auf Erden, d. i. das von den Propheten erhoffte Zeitalter des allgemeinen Friedens, der Glückseligkeit und der Brüderlichkeit, wird aus dem Beitritt der Menschheit zur Gottesverehrung Israels erblühen.« (p. 15.)

Und Renan steht nicht allein mit seiner Prophetie. Sein berühmter Landsmann Athanase Coquerel fils ruft in seinen »Libres études« (Paris 1868), p. 32, aus: »Qui oserait prétendre que cette mission du peuple juif soit finie, soit devenue inutile, quand la chrétienté presque entière est trinitaire et quand, de plus, le catholicisme ne cesse d'ajouter sous nos yeux, à la divinité de Marie et au nombre des saints? Le monde, même chrétien, a encore intérêt à entendre chaque Israélite affirmer en mourant cette suprême vérité, sans cesse méconnue: L'éternel est un.«* . . . . . .

Nach dem Verdicte solcher Männer, denen gewiss Niemand weder tiefe Erkenntniss des Christenthums und der Religionen überhaupt, noch die reinste Unparteilichkeit — denn Renan wie Coquerel sind Anhänger des Christenthums — absprechen dürfte, halten wir es für überflüssig, in dieser Hinsicht noch ein Wort zu äussern. — Wir wiederholen nur: Feige und charakterlos ist und bleibt um jeden Preis Derjenige, der wider seine Ueberzeugung seine Religion abschwört.

Aber an die christliche Kirche möchten wir bei dieser Gelegenheit den dringenden Mahnruf richten, keine Apostaten des Judenthums, die nicht aus voller Ueberzeugung übertreten, in ihren Schooss aufzunehmen. Spare sich die Kirche diese Mühe; sie gewinnt sehr wenig dadurch. Die christliche Kirche hat, wie wir soeben gezeigt haben, Material zur Bekehrung genug. Möge sie dorthin ihre Blicke richten. Tausend Millionen! Ein hübsches Sümmchen. Soll es da der Kirche gerade auf eine oder zwei jüdische Seelen ankommen?

Wir erheben unsere Stimme angesichts des neuen Mortarafalles, der in unseren Tagen die betheiligten Kreise in nicht geringe Aufregung versetzt hat: Ein jüdisches Mädchen, Chane Rifke Philipp, wird bei ihrem Grossvater in Lemberg erzogen; durch die Ueberredungskünste frommer,

---

* Wer wagt es zu behaupten, dass die Mission des jüdischen Volkes zu Ende und unnütz geworden sei, nachdem . . . . Die Welt, selbst die christliche Welt, hat noch in unseren Tagen ein Interesse daran, jeden Israeliten vor seinem Sterben die höchste, nur zu sehr verkannte Wahrheit ausrufen zu hören: »Der Ewige ist ein einig-einziger Gott.«

bigotter Mitschülerinnen und Ordensschwestern wird das Judenmädchen zum Uebertritte in ein Kloster verführt. Das Mädchen war plötzlich verschwunden. Die Verwandten gaben das Kind bereits für verloren, als zufällig die Nachricht von dessen Aufenthalte in einem katholischen Kloster auftauchte. Der arme Vater in Prag rang die Hände vor Verzweiflung, wandte sich um Hilfe an den Prager Oberrabbiner, dieser an den Ministerpräsidenten Grafen Taaffe; — alles vergebens. Nun mussten wir zu unserem Erstaunen hören, dass das genannte Judenmädchen in der Hauskapelle des Basilianerinnen-Convents zu Lemberg von dem Bischofe Sembratowicz getauft wurde, und dass keine Geringeren als Ihre Excellenz die Gemahlin des gegenwärtigen Statthalters von Galizien, Frau von Zaleska, und Seine Excellenz, der Landtagsabgeordnete Geheimrath Graf Russocki als Taufpathen fungirten.

Vom humanen Standpunkte müssen wir das Vorgehen des Klosters, wenn es auch formell gesetzlich sein dürfte, als einen Act bezeichnen, welcher der Ehre der christlichen Kirche nicht zum Vortheile gereicht. Frau von Zaleska und der genannte Graf, in deren ehrenhaften und edlen Charakter wir keinen Grund haben, irgendwelchen Zweifel zu setzen, sind sich gewiss der Tragweite ihrer Handlungsweise nicht bewusst geworden. Pflicht der Regierung wird es sein, die Schuldigen vor das entsprechende Gericht zu fordern. Man wird doch wohl noch in Oesterreich sein Kind in die Schule schicken können, ohne befürchten zu müssen, dass dieses heimlich den Armen der Eltern entrissen werde. Glaubt aber die katholische Kirche aus einem solchen Vorgehen Gewinn zu ziehen? Dann täuscht sie sich. Denn die Welt muss nothwendig glauben, der Katholicismus breche bereits in sich zusammen — was doch keineswegs der Fall ist — wenn er sich genöthigt sieht, durch Individuen, wie das ungebildete Judenmädchen Chane Rifke Philipp, eine Stütze zu finden.

Im Mittelalter verbrannte man viele Tausende von Juden, weil sie das Kreuz nicht nehmen wollten, und beförderte so wenigstens deren Seelen in den Himmel. Heute ist man milder: Man will dem Juden schon bei lebendigem Leibe zur Glückseligkeit verhelfen. Früher glaubte die Kirche, dass durch die Taufe der Juden das Christenthum in den Augen seiner Bekenner an Weihe und Kraft gewinne, indem der Bekenner des alten Glaubens diesen verwerfe und zu dem neuen übertrete. Heute stehen die Dinge anders. Jeder liberale Christ verwirft mit der grössten Entrüstung den Gedanken, freigeborene Menschen vor ihrer vollständigen geistigen Reife wider den Willen der Eltern ihrer angestammten Religion zu entreissen.

Wir möchten darum noch einmal der christlichen Kirche in ihrem eigenen Interesse aufs Dringendste rathen, selbst Apostaten, die freiwillig zum Christenthum übertreten, nur dann in ihren Schooss aufzunehmen, wenn jene aus voller, innerer Ueberzeugung den wichtigen Schritt thun.

Denn der getaufte Jude glaubt nicht an die Dogmen des Christenthums, er steht ihnen so fremd, vielleicht noch mehr fremd gegenüber, als früher. Er zersetzt nur den Glauben der christlichen Familie, die er entweder selbst stiftet oder in die er aufgenommen wird. — Eine Massenübertretung der Juden zum Christenthum in seiner gegenwärtigen Gestalt, von der vielleicht manche Phantasten träumen, ist aber, wie wir sahen, den Gesetzen der historischen Entwicklung zuwider, darum unmöglich.

Fände aber ein solcher Massenübertritt wirklich statt, so bliebe vom Christenthum als Confession, wie sich dasselbe im Laufe der Zeiten entwickelt hat, in 50 oder 100 Jahren nicht viel übrig. — Warum will es denn die Kirche nicht einsehen, dass die 2 Millionen Juden, die in socialer Beziehung, wo sie sich doch erst seit drei Jahrzehnten einigermassen frei entwickeln konnten, den 80 Millionen Bewohnern Deutschlands und Oesterreichs so gefährlich erscheinen, dass diese fürchten, von ihnen verschlungen zu werden, — in religiöser Beziehung in der That ein sehr gefährliches, weil ungemein kräftiges Element sind, vor dem nach den Principien des Kampfes ums Dasein das schwächere Element unzweifelhaft den Kürzeren ziehen müsste? Wir sprechen hier nicht pro domo, denn wir verachten Individuen, die bereit sind, wider ihre Ueberzeugung Convertiten zu werden. Das Judenthum verliert an diesen sehr wenig.

Aber auch die jüdische Kirche möge keine Convertiten in ihre Mitte aufnehmen. Wenn ein Nicht-Jude durch eigenes Nachdenken die Principien des Judenthums anerkennt, ist er ohnehin Jude, wie wir an einer anderen Stelle ausgeführt haben: er braucht nicht formell in den Verband des Judenthums zu treten.

Also ein Ende mit dem unwürdigen Seelenschacher auf beiden Seiten! Wer unter den jetzt bestehenden Verhältnissen als Jude geboren wird, bleibe Jude;* wer als Christ aus der Taufe gehoben wurde, der bleibe Christ. **Die beiden Namen »Christ« und »Jude« sind ja, im Grunde genommen, identisch.**** Wer durch eigene Geistesarbeit sich zum Höheren aufschwingt, findet Stütze genug in sich selbst, er bedarf keiner äusseren Anlehnung; im bejahenden Falle ist er noch nicht flügge genug, und er versuche dann den Flug so lange, bis er sich selbst erhalten kann. Schon oft aber hat in der Weltgeschichte eine blosse Begriffsverwirrung das grösste Unheil angestiftet. Gewiss wäre vielem Zanke ein Ende gemacht, wenn man sich über die Begriffe »Christ« und »Jude« klar werden wollte.***

Christ bedeutet in seinem ursprünglichen und wahren Sinne »Anhänger der Lehre Christi.« Die Lehre Christi ist aber, wie wir an einem anderen Orte zeigen werden, nichts anderes als die Lehre des liberalen Judenthums: Glaube an Gott und Uebung

---

* Wir gebrauchen hier dieses Wort als Bezeichnung der Religion.

** Vergl. den Ausspruch Lord Beaconsfield's »Christianity is Judaism for the multitude, but it still is Judaism«, d. h. Christenthum ist Judenthum für die Menge, es bleibt aber immer Judenthum.

*** Wir erinnern an die Worte Renan's (a. a. O. p. 29): »Das hebräische Wörterbuch entscheidet über das Schicksal der Menschheit. Es

der Menschenliebe. Die Dogmen der Kirche sind in gleicher Weise, wie alle nicht-mosaischen Gesetze von den Rabbinern der späteren Zeit, von den Bischöfen, den »Stellvertretern Christi auf Erden« geschaffen worden; Stimmenmehrheit entschied.

Betrachten wir jedoch die so wichtige Frage etwas näher im Lichte der Geschichte.

*

Eine Religion, die durch ihren langen Bestand in sich erstarkt ist, kann, wie das Judenthum aufs Deutlichste zeigt, auch ohne äussere Macht seiner Anhänger und Vertreter sehr wohl gedeihen; ja, wir glauben sogar, dass z. B. das Judenthum nicht zum Geringsten es der äusseren Unterdrückung seiner Anhänger zu verdanken habe, wenn es heute so fest dasteht, dass selbst seine ehemaligen Feinde dessen Kraft bewundern müssen.

Das Christenthum aber, welches der heidnischen Welt die langersehnte Erlösung von dem finsteren Aberglauben gebracht hatte, fühlte sich in den ersten Jahrhunderten seiner Existenz, umgeben von der erdrückenden Uebermacht des Heidenthums, das selbst in Europa noch 1000 Jahre nach Christi Tode zahlreicher Anhänger sich erfreute, zu schwach, als dass es die grosse Mission, die ihm beschieden war, ohne äussere Hilfe hätte erfüllen können. Darum umgab es sich mit dem Schutzwalle der weltlichen Macht, um in den Augen seiner Anhänger die genügende Autorität zu besitzen. Das ist, glauben wir, die einzige und wahre Ursache, wes-

---

gibt manches Dogma, das in der ... Auslegung einer gewissen Stelle in der Bibel beruht. Mancher der alten jüdischen Copisten hat durch eine Zerstreutheit über die Theologie der Zukunft entschieden.« »Was hat man nicht alles geschrieben über ein gewisses Pronomen in dem 63. Capitel des Jesaia? Wie viel Forschungen, wie viele Bemühungen, um zu bestimmen, ob jenes Pronomen lamo in der Einzahl oder in der Mehrzahl genommen werden muss. Der Glaube einer Masse Leute hat auf der Syntax jenes Pronomens lamo geruht.« (p. 30.)

halb die christliche Kirche die weltliche Herrschaft stets angestrebt hatte."

Wir werden weiter unten sehen, dass das Christenthum bis ins 4. Jahrhundert herab sich nicht wesentlich vom Judenthum unterschied. Erst als Constantin d. Gr. das Christenthum zur Staatsreligion erhoben hatte, wurde es eine Kirche. Diese klammert sich nun von da ab stets an den Thron, damit sie vom Glanze dieses zugleich bestrahlt werde. Warum schlug die Kirche nicht in Constantinopel, wo sie zur Staatskirche erhoben wurde, ihren ständigen Sitz auf, sondern wanderte nach Vernichtung des oströmischen Reiches nach Rom über? Nicht etwa, weil der heil. Petrus in Rom gestorben wäre — Petrus war nach den neuesten Forschungen, denen sich auch unser ehemaliger Lehrer, Prof. Ed. Zeller in Berlin, in seinen »Vorträgen und Abhandlungen« (II. p. 215) anschliesst, Zeit seines Lebens gar nicht einmal in Rom gewesen — sondern einfach deshalb, weil Rom noch immer in den Augen der Welt als Mittelpunkt der weltlichen Herrschaft galt und die Kirche das »Reich Gottes auf Erden« dort gründen wollte, wo einst der Thron der Cäsaren stand. Darum besass der Bischof von Rom nebst dem Patriarchen von Constantinopel — in den ersten Jahrhunderten der Kirche gab es keine Päpste im gegenwärtigen Sinne des Wortes — unter allen Bischöfen der Christenheit eine so hervorragende Bedeutung. Von unserem, eben bezeichneten Standpunkte aufgefasst, erscheint der Kampf des Papstthums mit dem Kaiserthum erst in seinem wahren Lichte.

Die katholische Kirche hörte im Mittelalter auf, eine Kirche zu sein; sie wurde ein Staat, eine politische Macht, nicht nur ebenbürtig, sondern in manchen Perioden den grossen

---

* Denn man kann nicht glauben, dass die Päpste beim Erwerbe der weltlichen Macht von persönlichem Ehrgeize geleitet wurden. Der Ehrgeiz weltlicher Souveräne, die Herrschaft gesichert und wenn möglich vergrössert ihren leiblichen Erben zu hinterlassen, konnte natürlich bei den Päpsten nicht Platz greifen; diese hatten stets nur das Wohl der Kirche im Auge, als deren oberste Vertreter sie fungirten.

europäischen Staaten überlegen. Die armen, bescheidenen Apostel, die ruhig ihrem Handwerke nachgegangen waren, konnten nicht daran denken, dass die geistlichen Vorsteher ihrer Kirche dereinst mit Gold und Purpur bekleidet, an Macht Kaisern und Königen gleichen werden. Aber die Kirche beherrschte nicht blos den Staat des Mittelalters, sie demüthigte ihn auch, wenn sie es für gut fand, ihn ihre Ueberlegenheit recht deutlich fühlen zu lassen. Denn konnte es für die Anhänger der weltlichen Macht etwas Demüthigenderes geben, als wenn sie sahen, dass der eine deutsche Kaiser dem Bischofe von Rom die Steigbügel hielt, der andere im Büsserhemde im rauhen Winter über die unwegsamen, schneebedeckten Alpen, nur von seiner treuen Gemahlin und einigen treuen Anhängern begleitet, wandern musste, um wie ein gottloser Verbrecher vor der Thüre des Papstes um Gnade zu betteln?

Noch jetzt, nach so vielen Hunderten von Jahren, werden wir Anhänger der weltlichen Herrschaft in unserem Innersten vor Wuth empört, wenn wir jenes Blatt in der mittelalterlichen Geschichte aufschlagen. Woher nahm denn der Papst, fragen wir heute, die Vollmacht, die europäischen Herrscher wie die Schulknaben zu behandeln und sie mit Kirchenstrafen zu belegen? — Im Mittelalter legte sich das grosse Volk diese Frage nicht vor. Es war überzeugt, dass der Papst im Namen Christi und im Interesse des heiligen Glaubens focht. Mit Friedrich II. dem Hohenstaufen trat ein Umschwung ein. Er, der schon den Geist der Neuzeit vorher geahnt hatte, widersetzte sich den kühnen Ansprüchen des Papstes. Es vergingen noch zwei Jahrhunderte schwankenden Glückes in dem heftigen Kampfe zwischen Papstthum und Kaiserthum.

Da kam der grosse, unsterbliche Luther. Dieser hielt die Religion Christi nach einem 1400jährigen Bestande für stark genug, um auf eigenen Füssen stehen zu können. Er verwarf in seiner herben und schroffen Art, die ein Erbe des knorrigen Germanenthums ist, jedes Einmengen der Kirche in die Politik; er ging auf den Satz des Evangeliums zurück: »Gebet dem Kaiser, was des Kaisers ist und der Kirche, was der Kirche ist.«

Der Protestantismus war minder anspruchsvoll als der Katholicismus; er wollte keine weltliche Macht. Der fast 200jährige erbitterte Kampf zwischen dem ersteren und der katholischen Kirche war zum Theile nichts anderes, als ein Kampf zwischen dem Staats- und dem kirchlichen Principe. Der Protestantismus und das Staatsprincip gingen aus dem Kampfe als Sieger hervor. Ludwig XIV. besiegelte diesen Sieg durch sein berühmtes Wort: »L'état c'est moi«, das jede Einmengung in Staatsangelegenheiten von anderer Seite rundweg zurückwies. Die übrigen Monarchen Europas nahmen den Wahlspruch des französischen Königs mit Freuden an. Heute sind die drei mächtigsten Staaten der Erde, Deutschland, England, Nordamerika — abgesehen von Schweden, Dänemark und Holland — auf der Basis des Protestantismus aufgebaut. Europa zählt somit fünf protestantische Monarchen; der mächtige Czar und sein gewaltiges Reich, ebenso die südeuropäischen Fürsten und Staaten gehören der griechisch-katholischen Kirche an, welche bekanntlich das Papstthum nicht anerkennt; nur Oesterreich, Italien, Spanien und die beiden kleinen Staaten Portugal und Belgien, welche zusammen kaum die Hälfte von Deutschland betragen, haben katholische Herrscher, von denen jedoch der eine, der edle und freisinnige König von Italien, im heftigsten Kampfe mit dem Papstthum steht. — So zählt heute das Papstthum, das früher alle Monarchen Europas beherrschte, unter den Grossmächten nur einen Monarchen, denjenigen Oesterreichs, zu seinem Freunde und Anhänger. Seitdem der Heros des modernen italienischen Volkes, Victor Emanuel, dem Papste Pius IX. den letzten Rest seiner weltlichen Herrschaft nahm und der gegenwärtige Papst auf seinen Palast beschränkt ist, zwingen uns die Ansprüche einiger Cardinäle auf Wiedergewinnung der weltlichen Macht nur ein Lächeln ab. Der »Papa Re« lebt nur noch in den Gehirnen einiger italienischer Ultramontanen. Und wenn auch der Papst noch jetzt wie ein Souverän einen »Staatssecretär«, seine Nuntien an den verschiedenen Höfen und seine Garden besitzt, so sind dies nur Zugeständnisse, welche die Mächte mit Rücksicht auf den katholischen Theil ihrer Unterthanen dem Papste gewähren. Die Zeit ist eine andere geworden. Es gibt keinen Kampf mehr zwischen Papstthum und Kaiserthum; er hat sich in einen Streit zwischen »Kirche« und »Staat« umgewandelt. Selbst die katholischen Staaten vergeben sich der Kirche gegenüber nichts von ihrer Würde. Auf Seiten des Staates stehen heute, mit Ausnahme der paar Tausende von Clerikern und Ultramontanen, alle Bürger vom Fürsten bis zum Bettler.

Wir glauben, dass es nur im eigenen Interesse des Christenthums und der katholischen Kirche gelegen sei, wenn diese sich von der bisher eingenommenen weltlichen Herrschaft emancipirte.

Auch im Judenthum, das denselben Process aufweist, stand viele Jahrhunderte der Hohepriester neben dem Throne, nicht selten im Kampfe mit demselben. Das erste Beispiel des welthistorischen Streites zwischen Kirche und Staat liefert uns der Kampf zwischen dem Propheten Samuel und dem von ihm gesalbten Könige Saul, welcher der Gewalt des Priesters Samuel sich nicht in allen Stücken beugen wollte. Später war der jüdische Hohepriester nur der Beamte des jüdischen Königs. Seit der Zerstörung Jerusalems durch Titus hörte das Königthum und das Hohepriesterthum für immer auf; die jüdische Kirche begann mit diesem Zeitpunkte Religion zu werden. Das Judenthum hat vom Standpunkte seiner Mission diese Wandlung nicht zu bedauern. Denn trotzdem es kein Oberhaupt und keine feste äussere Organisation besass, trotzdem der Zusammenhang der an allen Enden der Erde zerstreuten Anhänger des Judenthums ein äusserst loser war, ging dasselbe dennoch als Religion siegreich aus dem harten Kampfe gegen die Kirche hervor.

Jede kleinste jüdische Gemeinde stellt uns ein Miniaturbild des Judenthums dar: Man wählt sich einen bürgerlichen Vorsteher und unterwirft sich seinen Anordnungen, obwohl kein äusserer Zwang auf die Mitglieder der Gemeinde ausgeübt wird; sie ernennt ein geistiges Oberhaupt, das die religiösen Bedürfnisse der Gemeinde zu befriedigen hat; sie ernennt nach

Massgabe ihrer materiellen Kräfte ihre Lehrer, Beamten, Diener etc.; sie sorgt für geregelten Gottesdienst, für pietätvolle Beerdigung ihrer Todten. So thaten es in den ersten Jahrhunderten auch die Christengemeinden, als sie noch unter dem Drucke des Heidenthums lebten; ihre Vorsteher hiessen Episkopoi, d. h. Bischöfe. Jene christlichen Gemeinden verehrten in Wahrheit Christum; sie hatten das wahre Christenthum, die Lehre Christi und der Evangelien; sie wussten noch nichts von einem Kampfe der Kirche gegen den Staat. Möchten doch die Päpste und Bischöfe der katholischen Kirche wieder zu den Anfängen des Christenthums zurückkehren und ausserhalb der Religion keinen Wirkungskreis suchen!

Die katholische Kirche war durch 18 Jahrhunderte — wahrlich ein schöner Zeitraum — an den Thronen der Mächtigen angelehnt; gebe sie fortan diese Stütze auf und stelle sie sich auf eigene Füsse. — Besitzt sie nicht den Muth dazu, so gesteht sie ihre Schwäche vor der Welt und Geschichte unzweideutig ein, und das wird wohl schwerlich in der Absicht der Kirche liegen. Rufe sie nicht die Hilfe des Staates zu ihrem Schutze an; helfe sie sich selbst fort. Fühlt sie sich stark, so kann sie als Religion ohne Mitwirkung des Staates fortdauern, ja erst recht eine wahre Blüthe erlangen; fühlt sie sich nicht kräftig genug, so kann ihr die äusserliche Unterstützung des Staates nicht viel helfen, denn dieser besitzt keine Gewalt über die Geister und Gemüther seiner Unterthanen. Er kann wohl die sichtbare Verbreitung von Gedanken, die der katholischen Kirche gefährlich werden könnten, verhindern; aber gegen die unsichtbare Ausbreitung des Zeitgeistes vermag er nichts: dieser dringt, wie der Regen in die Erde, in die Gemüther der Menschen, keimt in ihnen und bricht, wenn die Zeit der Reife da ist, herrlich hervor.

Wir fühlen uns erhaben über den Vorwurf der Gehässigkeit gegen die katholische Kirche, gegen eine Confession überhaupt. Wir stehen auf dem historischen Standpunkte, begreifen die Nothwendigkeit der Entwickelung der Religionen im Laufe der Zeiten und haben stets, uns über die einzelnen Confessionen hinwegsetzend, nur die Religion im Auge, welche stets dieselbe war und für ewige Zeiten bleiben wird. Ihre Formen können wechseln, ihr Inhalt bleibt.

Das Papstthum war eine nothwendige Form des Katholicismus bis in die Gegenwart. Die Geister waren bisher nicht fähig, die Religion, losgelöst von den Formen, zu erfassen: sie mussten ein Aeusseres haben, an das sie sich anlehnten. Das 19. Jahrhundert emancipirte den Geist der Menschheit.

Wir sahen oben, wie die Herrlichkeit des Papstthums nach einem fast tausendjährigen Bestande desselben allmählich ihrem Ende zugeht. Wir können nicht in die Zukunft sehen: doch wir haben, wenn wir die socialen, politischen und religiösen Verhältnisse der Gegenwart und deren rapide Entwicklung in den nächsten Generationen ins Auge fassen, Grund genug zu zweifeln, ob noch in hundert oder hundertfünfzig Jahren ein Papst in dem Vatican zu Rom residiren werde. Wer weiss, ob nicht die grosse bevorstehende sociale Umwälzung in Europa, von der man heute schon so viel hört, das Papstthum »absetzen« werde, wie die französische Revolution die Religion abgesetzt hatte. Doch diese ist göttlichen Ursprungs und tief im Herzen der Menschheit begründet. Die französischen Revolutionäre sahen dies selbst ein und setzten den lieben Gott bald wieder auf seinen alten Thron. Das Papstthum aber ist, wie wir sahen, ein historisches Product; wenn es einmal von der Bildfläche verschwunden sein wird, Niemand wird nach ihm Verlangen tragen. Wollte man aber behaupten, dass mit dem Papstthum zugleich auch das Christenthum zu Grunde gehen werde, so wäre dies thöricht. Das Christenthum als Religion, d. i. die Lehre Christi, wird eben so wenig zu Grunde gehen, wie das Judenthum, mit dem sie identisch ist.

Unterscheide man also zwischen Christenthum und Kirche; scheide man die erhabene Lehre der Evangelien von den Zuthaten späterer Jahrhunderte!

Wie der liberale Jude den wahren Gehalt des Judenthums von dem Formenballaste losschält, den die vielen

Jahrhunderte an den Kern der Religion angesetzt haben, so beginne doch auch das Christenthum einmal, die Lehre Christi nach ihrem wahren Gehalte zu prüfen. Vor diesem Schritte fürchtete sich merkwürdigerweise die Kirche seit ihrem Bestande; daher unterdrückte sie die Wissenschaft und jede geistige Aufklärung.

Dass aber das wahre Christenthum die Freiheit des Wortes und der Wissenschaft nicht zu fürchten habe, bezeugte der vor einiger Zeit, nur zu früh verstorbene, edle und wackere Fürstbischof von Krain, Dr. Johann Chrysostomus Pogatschar. In seinem ersten, in sehr entschiedenem Tone gehaltenen Hirtenbriefe empfahl der freisinnige Kirchenfürst dem katholischen Clerus, seiner Mission gerecht zu werden, den Frieden, nicht den Hass im Lande zu predigen und sich nicht hinter der ungerechten Parole zu verschanzen, »der Glaube sei in Gefahr«. Wenn er es ist, sagte der Bischof, »dann Hand ans Herz«, dann ist der Glaube deswegen in Gefahr gerathen, weil dessen Verkünder, wie Christus der Herr sagt, geschlafen — oder was das Gleiche bedeutet, ihnen nicht zustehende Ungebührlichkeiten im öffentlichen Leben gethan haben. Der Clerus habe keine Ursache, sagte der Kirchenfürst in seinem Hirtenbriefe, der die allgemeinste Verbreitung verdienen würde, die Fortschritte der Wissenschaft zu fürchten, noch dieselben zu bekämpfen, er möge sich derselben vielmehr freuen, da sie doch nur zum Vortheile der Menschheit entstanden sind.

Aber die Kirche des Mittelalters wollte um jeden Preis verhindern, dass ihre Anhänger über den Glauben nachdächten; sie verlangte blinden Glauben von denselben. Sie verbrannte Huss; sie hätte, wenn weltliche Fürsten ihn nicht geschützt hätten, auch Luther verbrannt. Sie fragte nicht viel um ihre Berechtigung zu solchen grausamen Handlungen. Der Kampf ums Dasein zwang sie dazu.

Der Hass der Kirche gegen die Juden rührt daher, weil sie sich fürchtet, dass letztere mit Hilfe ihrer heiligen Schriften

und ihres Scharfsinnes leicht die Geheimnisse jener der Welt
entdecken könnten. Deshalb verbrannte die Kirche einmal im
Mittelalter, zur Zeit Ludwigs des Frommen, fast sämmtliche
heilige Schriften der Juden, um diesen so das Beweismaterial
aus den Händen zu nehmen. Aber es half Alles, wie gesagt,
nichts. Beherzige doch die christliche Kirche die grosse Lehre,
welche die Geschichte des Judenthums ihr bietet!

" Darum noch einmal: Scheide man zwischen Christenthum und Kirche! Wäre die Scheidung dieser Begriffe
schon vor vielen Jahrhunderten geschehen, viele Tausende un-
schuldiger Menschen hätten ihr Leben nicht auf dem Scheiterhaufen ausgehaucht und viel Zank und Streit wären erspart
worden. Doch der Strom, der mit Anstrengung aller physischen
Mittel durch fünfzehnhundert Jahre eingedämmt werden konnte,
geht nun über die Ufer. — Früher beherrschte die Kirche die
Wissenschaft; heute ist diese frei: Der Staat gibt jedem
Bürger die vollste Freiheit, seine Gedanken über Religion und
die einzelnen Confessionen, wenn nicht die Absicht vorliegt,
damit die heiligsten Gefühle der Mitbürger zu verletzen, auszusprechen; denn er misst sich nicht, wie ehemals die Kirche,
das Recht zu, unbestellter Hüter der Seelen zu sein. Daher
das Wehgeschrei unserer Geistlichkeit und ihres Anhanges,
der Clericalen. Die Reaction steht in unseren Tagen in hellen
Flammen; viele Parlamente haben eine clericale Majorität,
denen im politischen Tauschhandel Concession um Concession
bewilligt werden. Doch täusche man sich nicht: Es ist nur das
letzte Aufflackern der Flamme. Zehntausend Geistliche und ein
Häuflein Obscuranten werden das Weltrad nicht zum Stillstehen
bringen; sind sie so kühn und werfen sie sich in dessen Speichen,
so werden sie für eine Weile zwar in die Höhe geschnellt,
um jedoch gleich darauf für immer zu Boden geworfen und
zerschmettert zu werden. Hüte sich doch die Kirche vor
einem solchen unrühmlichen Ende!

Vor einigen Jahren fuhren wir mit einem Jesuiten — es
war ein adeliger Junker aus Preussen, der, obwohl er absol-
virter Referendar gewesen war, aus Liebe zur Theologie in

das vaticanische Seminar ging — der in Rom unter dem Schutze des Papstes seine theologischen Studien vollendet hatte. Ich begann unser Gespräch auf die Theologie zu lenken. Da noch andere Leute im Wagen sassen, bog der Jesuit rasch von diesem Thema ab. Als wir wieder allein waren, setzten wir unser Gespräch fort. Ich sprach die Meinung aus, dass das Christenthum den grossen Ballast, den es im Laufe der Jahrhunderte in sich aufnahm, allmählich auswerfen möge; mein geistreicher Partner erwiderte: »Wir dürfen nicht. Geben wir das Eine auf, müssen wir auch das Andere lassen. Ihnen, als einem aufgeklärten Manne, der die Religionen vom historischen Standpunkte betrachtet, kann ich es ja gestehen. Unsere Kirche ist ein grosses künstliches Gebäude, an dem viele grosse Künstler gearbeitet haben. Doch rüttelt man an dem Gebäude, so könnte es leicht Schaden erleiden. Wir Lebenden haben nur dafür zu sorgen, dass das Gebäude zu unseren Lebzeiten nicht zusammenstürze«. Also es gilt in diesen massgebenden Kreisen der Grundsatz: Après nous le déluge.

Doch habe das Christenthum keine Furcht, denn es ist göttlichen Ursprunges, wie das Judenthum. Es wird über den Trümmern der Kirche hinweg zu seinem Ursprunge zu Jesaias und Jesu zurückkehren und dort mit seiner Mutter, dem Judenthum, zusammentreffen. Mutter und Tochter werden einander viel zu erzählen haben; das Kind artete aus und sündigte oft gegen seine Mutter, doch diese wird dem Kinde in mütterlicher Liebe verzeihen, und Mutter und Tochter werden beide zu ihrem gemeinsamen Vater, zu Gott im Himmel, frommen Auges emporblicken.

Denn man kann es nicht oft genug wiederholen: Die beiden Namen »Christ« und »Jude« sind identisch.

Das Wort Jude hat mit der Religion eigentlich wenig zu thun; es ist mehr eine nationale Bezeichnung. Christus war ein Jude; wer aber wird dem Stifter der christlichen Kirche den Namen eines »Christen« absprechen wollen? Christus selbst, also wohl die vollgiltigste Autorität, bestätigt somit unsere Behauptung von der ursprünglichen Identität des »Christen« und des »Juden«.

Der christliche Bürger von heutzutage fühlt sich in erster Linie als Staatsbürger, erst in zweiter als Christ. Theodor Mommsen (a. a. O., p. 15) sagt darum mit Recht: »Was das Wort »Christenheit« einstmals bedeutete, bedeutet es heute nicht mehr voll; aber es ist noch immer das einzige Wort, welches den Charakter der heutigen, internationalen Civilisation zusammenfasst und in dem Millionen und Millionen sich empfinden als Zusammenstehende auf dem völkerreichen Erdball.« Mommsen hat, wie fast stets, so auch hier ins Schwarze getroffen. »Christenheit« ist in unseren Tagen nichts mehr als ein blosses »Wort«; aber die Menschheit hängt so zähe an einzelnen Worten und Begriffen, die sie zumeist nicht versteht. Wenn heute die Kirche dem Antisemitismus nicht mit dem Nachdrucke entgegentritt, wie es sich für eine »Religion der Liebe« geziemte, so geschieht es wohl nicht aus Hass gegen die Juden oder deshalb, weil die Kirche etwa glaubte, der Antisemitismus werde dem Judenthum erheblich schaden; — sie will nur dadurch von ihrem Standpunkte aus das erreichen, dass durch den Gegensatz zum Judenthum, der durch den Antisemitismus verschärft wird, das Bewusstsein des Christenthums bei seinen Anhängern gestärkt werde. Es sind das sehr schwache Mittel, aber: »Après nous le déluge« ist ja der Grundsatz der jeweiligen Vertreter der Kirche.

Raffe sich doch die Kirche auf und fasse ein grosses Herz! Stelle sie sich auf eine neue unerschütterliche Grundlage; es liegt in ihrer Hand, dem zweitausendjährigen Streite ein Ende zu machen, und die grosse »Judenfrage« wäre gelöst.

Gebe das Christenthum Dasjenige auf, was es im Laufe der 18 Jahrhunderte seit dem Tode Christi in sich aufgenommen hat; kehre es zu den Lehren Christi, Pauli und der ersten Evangelisten zurück — und wir Juden nehmen Alle das Christenthum an.

Denn man kann doch nicht verlangen, dass ein ganzes Volk, wie das jüdische, das die älteste und ruhmvollste Geschichte unter allen jetzt lebenden Völkern besitzt und das durch fast vier Jahrtausende Schmach, Druck und Verfolgung wegen der von ihm hochgehaltenen Idee des reinen Monotheismus märtyrerhaft erduldet hat, mit einem Male charakterlos werde und wider seine innerste Ueberzeugung einen Glauben annehme, dem es kalt gegenüber steht. Der Jude kann die Dogmen der katholischen Kirche, da sie seinen religiösen Principien widersprechen, nicht zu den seinen machen.

Mit dem Katholicismus können wir nicht pactiren; der Abgrund, der uns von demselben trennt, ist zu gross. Anders steht es mit dem freien, aufgeklärten Protestantismus.

Wenn der Geist des reinen Monotheismus gewahrt bleibt, so machen wir gerne Concessionen in der Form, um unseren guten Willen zur Versöhnung an den Tag zu legen und dem zweitausendjährigen Streite ein Ende zu machen. Wir nehmen, wenn es schon sein muss, die in ihrem Ursprunge übrigens indische Taufe als die Art der Einführung in die Gemeinde Gottes an; — wir werden unsere Gotteshäuser Kirchen, unsere Rabbiner Pastoren und uns selbst Christen nennen, oder würden einen anderen, gemeinsam gewählten Namen führen; wir gäben, wenn dies eine Nothwendigkeit des Compromisses sein sollte, den Sabbath auf und feierten den Sonntag oder einen anderen zu bestimmenden Ruhetag; wir höben die Speisegesetze auf, verwürfen den Talmud als unser Religionsbuch gänzlich. Mit einem Worte: Wir gingen unter der oben genannten Bedingung als religiöse Genossenschaft unter; wir blieben jedoch als nationale Gemeinschaft bestehen. Denn so gut es deutsche und französische, chinesische und indische Christen gibt, ebenso kann es jüdische Christen geben. Das Wort ist ja nicht neu; die Christen der ersten nachchristlichen Zeit waren grossentheils Juden: Sie hiessen Juden-Christen.

Den Hauptinhalt der Nationalität bildet nach unserer Ansicht die gemeinsame Geschichte; die Sprache ist nur ein äusseres Element. — Der Sohn eines Deutschen, der zufällig in einer französischen oder englischen Stadt erzogen wurde, in der man kein Deutsch spricht, bleibt, wenn er selbst keinen Laut seiner Muttersprache verstünde, ein Deutscher; kein Vernünftiger wird ein solches Individuum einen Engländer oder Franzosen nennen. Das klarste Beispiel liefern die Juden selbst. Sie sprechen alle Sprachen der Erde, der grösste Theil von ihnen versteht kein Wort der alten hebräischen Sprache, die ihre Vorfahren redeten: sie fühlen sich aber dennoch als Nation: Wenn im Süden Afrikas ein Jude grausam verfolgt wird, so fühlt jeder Jude aufs Wärmste mit, so als ob es sein Blutsverwandter wäre; wenn der Czar heute einen Juden zu seinem Minister erheben würde, jeder Jude in Paris, London oder in Cairo freuete sich, als ob seinem Bruder die Ehre zu Theil geworden wäre. Diese Solidarität hat mit der Religion nichts zu thun. Der christliche Deutsche z. B. fühlt mit dem christlichen Portugiesen nur als Mensch mit dem Menschen. Wird dagegen in Paris ein deutscher Christ wegen seines Deutschthums verfolgt, so glaubt sich jeder Deutsche in seinem Innern verletzt. Diesen Thatsachen wird kein Vernünftiger widersprechen können.

Wir Juden behielten also unsere jüdische Nationalität bei: Wir würden unsere Geschichte und Literatur studiren, die grossen Männer unserer Vergangenheit hochhalten.

Nehmen wir zur Verdeutlichung des Gesagten einige concrete Beispiele: Ein jüdischer Christ heiratet eine italienische Christin. — Die Kinder dieser Ehe werden ihrer Religion nach im Christenthum, wie wir dasselbe auffassen, d. i. im reinen Monotheismus, erzogen; bürgerlich sind sie Unterthanen des Landes, in dem sie geboren wurden und dessen Gesetze sie anerkennen; der Nationalität nach aber sind sie Juden, denn sie haben die Geschichte ihres Vaters. — Heiratet ein spanischer Christ eine jüdische Christin, so bleibt das Verhältniss der Kinder bis auf die Nationalität, die nämlich in unserem Falle die spanische sein wird, parallel dem ersten Beispiele.

Diese Thesen werden den Meisten befremdlich klingen, obwohl wir täglich Zeugen ähnlicher Verhältnisse sind: Heiratet nämlich ein englischer Christ eine deutsche Christin, so sind die Kinder der Nationalität nach Engländer; heiratet ein deutscher Christ eine englische Christin, so ist die Nationalität der Kinder die deutsche. — Das schwächere Element muss eben dem stärkeren weichen.

Wird einmal die Menschheit so weit vorgeschritten sein, dass sie auch das Princip der Nationalität zu den überwundenen Standpunkten zählen und es keine Geschichte der Völker mehr, sondern nur eine Geschichte der Menschheit geben wird, so werden die Juden natürlich ebenfalls ihre Nationalität aufgeben.

Bis dahin aber werden wir Juden so lange unsere Nationalität bewahren, solange die Spanier Spanier und die Franzosen Franzosen bleiben. — Unsere Nationalität aufgeben, wo die übrigen Völker die ihrige so hoch halten, würde man uns als Schwäche oder Charakterlosigkeit auslegen müssen; aber ehe wir Juden diesen Makel auf uns ruhen lassen, ziehen wir uns lieber wieder in unsere Einsamkeit zurück und fassen neuen Muth, um den Kampf mit den Völkern zu bestehen.

Wie wir Juden jedoch als die Ersten das Heidenthum verwarfen, so sind wir auch bereit, als die Ersten unsere Nationalität aufzugeben, wenn die anderen Völker bereit wären, unserem Beispiele zu folgen. Wir Juden haben kein eigenes Land, keinen König, keine eigenen Gesetze, keine eigene lebendige Sprache mehr; uns wird daher das Aufgeben der Nationalität, die durch jene Elemente bedingt wird, verhältnissmässig nur geringe Ueberwindung kosten: Unsere Nationalität besteht blos in der Idee der Geschichte. Ein in England wohnender deutscher Katholik bleibt Deutscher, wenn er auch zur anglikanisch-protestantischen Kirche übergeht.

So denken wir uns die geeignetste Lösung der »Judenfrage«, die schon so viel Unheil in der Menschheit hervorrief.

Wird unsere Stimme wie die des Rufers in der Wüste lautlos verhallen? Oder wird dem Christenthum ein zweiter Luther erstehen, der die grosse Frage in die Hand zu nehmen fähig wäre?

Am Ende des vorigen Jahrhunderts lebten die Männer, die eine solche That hätten vollbringen können; aber die Völker waren noch nicht reif zu einem solchen Werke. Voltaire, D'Alembert, Diderot in Frankreich; Goethe, Schiller, Lessing, Moses Mendelssohn, Herder in Deutschland; Josef II. und Sonnenfels in Oesterreich, — jeder einzelne dieser grossen Geister nahm in seiner Art einen gewaltigen Anlauf zur Verwirklichung jener erhabenen von uns näher bezeichneten Idee. Aber die grossen Werke und die in denselben niedergelegten Gedanken jener Männer leben fort; sie werden, hoffen wir, denn doch einmal aufkeimen und die schönsten Früchte tragen, die je am Baume der Menschheit zur Blüthe gelangten. Die Religionen werden dann nicht mehr feindlich einander gegenüberstehen. Wir Alle werden Moses und Jesus und Luther, nicht minder Zoroaster und Brahma, Confucius und Mohamed in gleicher Weise als die grossen Propheten des göttlichen Geistes verehren, die ihr Leben dem Heile der Menschheit geopfert hatten.

Der reine Monotheismus gleicht, wenn wir uns dieses Bildes bedienen dürfen, einer Festung, und wir Juden wurden von der Vorsehung zur Besatzung derselben bestimmt. Feige wäre es von uns, wenn wir, der Uebermacht weichend, freiwillig uns ergäben; verlangen aber die ausserhalb der Festung liegenden Schaaren, d. i. der den reinen Monotheismus noch nicht anerkennende Theil der Menschheit, unter annehmbaren Bedingungen den Frieden von uns, so dürfen und müssen wir ihn schliessen, wenn wir dann nicht gerechter Weise den Vorwurf der Unversöhnlichkeit auf uns laden wollen. Wir können und müssen in diesem Falle die Verschanzungen und Bollwerke auflassen, um die draussen Stehenden in Frieden in unsere Mitte aufzunehmen. Und sind nicht alle Satzungen des Judenthums ohne Unterschied nach dem Talmud selbst ein blosser ›Zaun um das Gesetz‹, den wir bei der Ankunft des Messias, d. i. wenn die Völker den einig-einzigen Gott werden anerkannt haben, auflassen dürfen? Wer wird uns darum feige schelten? Eine Besatzung, die trotz der grössten Widerwärtigkeiten und trotzdem tausendfach überlegene Feinde sie bekämpften, fast 4000 Jahre ungebeugt auf ihrem Posten stand, verdient wahrlich einen solchen Vorwurf nicht.

Bis dahin aber vertheidigen wir mannhaft unseren reinen angestammten Glauben und unsere Nationalität mit allen uns zu Gebote stehenden Mitteln!*.....

Es gibt jedoch Fälle, in denen bei den gegenwärtigen Verhältnissen das einzelne Individuum durch das formelle Verbleiben in dem Verbande seiner bisherigen Confession an der Erfüllung seiner heiligsten Wünsche gehindert werden kann: Es ist die Liebe zu einem Mitgliede einer anderen Religion.

Sollen wir nun aber wirklich glauben, dass das heilige Gesetz Gottes, des Urquells aller Liebe, zwei Menschenherzen, die wahr und innig einander lieben, gewaltsam auseinander reissen wollte? Wer solches behauptet, schändet den Namen des Allmächtigen und gehört seinem Gedankengange nach dem Zeitalter der Inquisition und nicht dem 19. Jahrhunderte an; er besitzt kein Recht, bei der Entscheidung der grossen weltbewegenden Fragen der Gegenwart seine Stimme abzugeben.

»Liebe deinen Nächsten, wie dich selbst«, ruft die Thora ihren Bekennern zu; »Liebet einander« ist der Inhalt der reinen unverfälschten Lehre Jesu Christi. Weder vom Standpunkte des Mosaismus, noch von dem des Prophetenthums ist die Ehe zwischen Juden und Nichtjuden im Principe verpönt: Josef heiratete die Tochter eines egyptischen Priesters (Genes. XLI. 45); Moses, wohl die vollgiltigste Autorität, nahm keine Tochter Israels, sondern Zipora, die Tochter des heidnischen Priesters Jethro, zur Frau (Exod. II. 21) — und wir finden kein Wort der Missbilligung durch Gott über diesen Schritt seines treuen

---

* Wir bezeichneten dieselben näher in unserem öfters genannten Werke »Presse und Judenthum«. Wir stehen für die Gegenwart, d. i. bis zu jenem Momente, wo die Verschmelzung der Religionen in der von uns angedeuteten Weise vollzogen sein wird, auf dem dort eingenommenen Standpunkte und weichen nicht einen Fussbreit davon ab.

Knechtes Mose;* der gottgeweihte Richter S i m s o n nahm
sich ein heidnisches Weib, und der Verfasser des Buches
fügt selbst hinzu, dass »die Sache von Gott war« (Richter,
Cap. 14. V. 4); die Moabiterin R u t h war die Stammmutter
des Davidischen Königsgeschlechtes (Ruth 4, 17); der fromme
König S a l o m o n, der von Gott selbst für würdiger, als dessen
grosser Vater David erachtet wurde, das berühmte Gotteshaus
in Jerusalem zu errichten, nahm sich heidnische Weiber in
Menge (Könige I. 11, 1); der fromme Mardechai nahm keinen
Anstand, seine jüdische Pflegetochter E s t h e r mit einem
heidnischen Könige zu vermählen — und Gott erkor Esther zur
Erretterin seines Volkes. . . . Und so könnten wir nus der jüdischen
Geschichte der Beispiele eine Menge anführen.

Aber noch mehr; die Thora selbst bewilligt sogar ausdrücklich
dem Juden, ein heidnisches Weib zu nehmen: 5. B.
Mosis, Cap. 21, V. 10. 11, steht es klar und deutlich geschrieben:
»Wenn du ausziehst zum Kampfe gegen deinen
Feind, und der Ewige, dein Gott gibt ihn dir in deine Hand
und du führst Gefangene heim und siehst unter diesen ein
schönes Weib, das dir gefällt, so darfst du sie dir zum Weibe
nehmen.«**

Und wenn trotzdem in der Thora den Kindern Israels
so oft unter Androhung der schwersten Strafen die Verschwägerung
mit den heidnischen Nachbarvölkern verboten
wurde, so geschah es ausschliesslich aus dem Grunde, weil jene
Völker durch ihren abscheulichen Götzendienst moralisch tief

---

* Wir sprechen nicht von Abraham, Isaak und Jacob; diese mussten
ja schlechterdings Heidinnen zu Frauen nehmen, weil es damals
noch keine Jüdinnen gab; sollte man uns aber betreffs Josefs und
Moses einwenden, dass zu jener Zeit die Thora noch nicht gegeben
war, so erwidern wir darauf, dass nach einem Grundsatze des Talmud
schon die Patriarchen alle Gesetze der Thora im Vorhinein gekannt
und befolgt hätten.

** Im Texte steht »ischa«, d. i. ein gesetzlich angetrautes Weib;
nicht »pilegesch«, d. i. Kebse.

gesunken waren und die Gefahr bestand, dass Israel dem rohen Heidenthum wieder verfallen könnte.*

Wollte man aber Christenthum Heidenthum nennen, weil es nicht Judenthum sei? Dieser Wahnsinn könnte nur in einem Kopfe Platz greifen, der von der Entwicklung der Religionen keine Ahnung hat.

Ein flüchtiger paralleler Blick auf die Geschichte des Christenthums und des Judenthums kann uns leicht überzeugen, dass Christenthum und Judenthum nicht zwei entgegengesetzte, vielmehr zwei mit einander harmonirende Potenzen sind, die von demselben Ursprunge ausgehend zu einem bestimmten Zeitpunkte wieder zusammenzutreffen berufen sind.

Das Christenthum datirt eigentlich nicht erst seit der Geburt Christi, sondern die Anfänge desselben müssen, wie Renan (Judenthum und Christenthum, Basel 1883, p. 9) und vor ihm schon Andere mit Recht behaupteten, mindestens 750 Jahre früher in die Epoche der grossen jüdischen Propheten verlegt werden, welche die bisherige nationale Religion Israels ihrer Beschränktheit entkleideten und sie zur allgemeinen definitiven Religion der Menschheit erhoben.

So hatten das liberale Judenthum — im Gegensatze zum starren Mosaismus — und das Christenthum eine gemeinsame Wiege, und die erhabenen Reden des gottbegeisterten Jesaia waren die herrlichen Wiegenlieder, die ihnen der Genius der Humanität, der zu ihren Häupten stand, gesungen hatte.

»Die wahren Gründer des Christenthums«, sagt Renan (a. a. O p. 15), »sind jene grossen Propheten, welche die reine von rohen Formen befreite, im Gemüthe und im Geiste lebende Religion verkündet haben, eine Religion, welche Allen gemeinsam sein kann und soll, eine ideale Religion, die in

* Deuteron. VII, 3. 4 heisst es: »Du sollst dich mit deinen heidnischen Nachbarvölkern nicht verschwägern, denn sie könnten deine Kinder von mir abwendig machen, indem sie dieselben zum Götzendienste verleiten würden. In diesem Falle möchte der Zorn Gottes wider Euch entbrennen und Euch rasch vom Erdboden tilgen.« Vgl. Könige I. 11, 2.

der Verkündigung des Reiches Gottes auf Erden und in der
Hoffnung auf ein Zeitalter der Gerechtigkeit für die arme
Menschheit besteht.« — Christus sprach eben nur Das in
anderer Form aus, was schon 800 Jahre vor ihm die Propheten des alten Bundes in feurigen Worten dem Volke Israel
und der Menschheit verkündigt hatten.

»Höret des Herrn Wort, Ihr Richter von Sodom, nimm
zu Ohren unseres Gottes Gesetz, du Volk von Gomorrha. Was
soll mir die Menge Eurer Opfer? spricht der Herr. Ich bin
satt der Brandopfer von Widdern und des Fettes von den Gemästeten und habe keinen Gefallen an dem Blute der Farren,
Lämmer und Böcke. Bringt mir fürder keine Speiseopfer mehr.
Euer Räucherwerk ist mir ein Gräuel. Meine Seele ist feind
Eueren Neumonden und Festen, sie sind mir zur Bürde; ich
mag sie nicht mehr ertragen. Und selbst wenn Ihr Eure Gebete vermehret, so viel Ihr wollt, so höre ich Euch doch
nicht; denn Euere Hände sind voll Blutes. Waschet, reiniget
Euch, thut Euer böses Wesen von meinen Augen, lasset ab
von Uebelthat; lernet Gutes thun, trachtet nach Recht, helfet
dem Unterdrückten, schaffet dem Waisenkinde Recht und
führet der Witwe Sache.« (Jesaia, Cap. 1).

Sind die ursprünglichen Worte Christi und der Evangelisten, soweit die moderne Forschung dieselben aus dem Gemisch von Dichtung und Wahrheit, das uns die Bücher des
N. T. bieten, als solche ausgeschieden hat, etwas Anderes
als der Nachhall jener Worte des alten Propheten aus dem
königlichen jüdischen Geschlechte?

Jesus selbst war ein frommer gläubiger Jude und es
fiel ihm nicht bei, an den Säulen des liberalen Judenthums
zu rütteln; ja, wie uns Lucas mit grossem Nachdrucke mittheilt, beobachtete Christus sogar alle Ceremonien des Gesetzes. Aber auch die Apostel waren fromme gläubige Juden,
die in die Fussstapfen ihres grossen Meisters traten. »Hätte
man jene hochherzigen Religionsstifter gefragt«, meint Renan
(a. a. O. p. 15), »ob sie aus der Gemeinschaft der jüdischen
Familie auszutreten gedächten, sie würden geantwortet haben:

»O nein, wir setzen nur die Reihe der gottbegeisterten Männer Israels fort; wir sind die wahren Nachfolger der alten Propheten.« Sie glaubten das Gesetz zu erfüllen, nicht aber es aufzuheben.«

Der heil. Paulus, der thatkräftiger für den neuen Glauben eintrat, als dessen Stifter selbst, der nur zufälligen Umständen, wie seinem frühen Märtyrertode, der ihn verhindern sollte, die grossen Ideen, mit denen sich sein edler und erhabener Geist getragen hatte, zur Ausführung zu bringen, und der auf Mit- und Nachwelt einen so gewaltigen Eindruck übte, es zu verdanken hatte, dass der neue Glaube seinen und nicht des Paulus Namen trug* — Paulus, sagen wir, betheuert in den sogenannten Paulinischen Episteln, deren älteste Renan (a. a. O. p. 10) ins Jahr 54 n. Chr. setzt, dass er den Glauben an die Verheissungen des alten Testamentes nicht aufgebe. Er wollte das Judenthum erweitern, um den Völkern, welche in dessen Schooss aufgenommen sein wollten, den Beitritt zu erleichtern.

Die meisten Schriften des neuen Testamentes sind, von frommen Juden verfasst, ganz und gar jüdisch und »hätten in der Synagoge verlesen werden können, wenn sie hebräisch geschrieben worden wären«. — Der Verfasser der herrlichen Apokalypse des Johannes, die ein oder zwei Jahre vor der Zerstörung Jerusalems durch Titus (70 n. Chr.) zu setzen sein dürfte, steht mit Begeisterung zur jüdischen Nationalität. Die Bücher Judith, die Apokalypse des Esra, die Apokalypse des Baruch und selbst das Buch Tobias, die einige Jahre nach der Apokalypse des Johannes entstanden und die nicht in den jüdischen Canon aufgenommen wurden, sind von jüdischem Patriotismus erfüllt.

Der Brief des römischen Clemens, der gegen das Jahr 98 n. Chr. abgefasst wurde, steht noch auf dem Standpunkte des orthodoxen Judenthums; die Scheidung war also um

* Man vergleiche die in die Augen springende Analogie, die Namengebung Amerikas betreffend: Columbus entdeckte den neuen Welttheil und Ameriquo gab diesem seinen Namen.

diese Zeit noch keineswegs vollzogen. Wir können aber das ruhige Nebeneinanderfliessen der beiden Ströme, des Judenthums und dessen Nebenflusses, des Christenthums, noch weiter verfolgen.

Papias ist ein Judenchrist, auf dem Standpunkte der synoptischen Evangelien und der Apokalypse stehend; das »Testament der zwölf Patriarchen« ist ein ganz jüdisches Werk; der »Hirte des Hermas« ist ebenfalls noch ein Erbauungsbuch im jüdischen Sinne, »eine wahre Agada«, wie Renan sagt (a. a. O. p. 19).

Die Recognitiones, ein Roman aus M. Aurel's Zeit, der den Clemens Romanus zum Helden hat, stellen das Versöhnungssystem des heil. Petrus folgendermassen dar: Das Judenthum und das Christenthum unterscheiden sich von einander nicht; Moses ist Jesus, Jesus ist Moses. Es hat von Anfang an, genau gesprochen, nur einen einzigen stets wieder geborenen Propheten gegeben; derselbe prophetische Geist hat alle Propheten begeistert. Das Judenthum genügt dem, der das Christenthum nicht kennt. Man kann in dem einen, wie in dem anderen sein Seelenheil erreichen.

Erst im dritten Jahrhunderte, zur Zeit des Clemens von Alexandria und des Origenes, als das Christenthum unter Constantin zur Staatsreligion wurde, begann die Scheidung sich zu vollziehen; aber sie war noch immer keine vollständige. Johannes Chrysostomus, gegen Ende des vierten Jahrhunderts lebend, wiederholt oft in seiner Rede gegen die Juden: »Was habt Ihr in der Synagoge zu thun? Ihr wollt das Osterfest feiern? Ei, auch wir feiern das Osterfest, so kommt doch zu uns.« Die Christen von Antiochia gingen also noch um das Jahr 380 n. Chr. bei vielen Anlässen in die Synagoge, z. B. um einen Eid besonders zu bekräftigen, wozu man der heiligen Bücher nicht entbehren zu dürfen glaubte.

Erst von da ab, also 400 Jahre nach Christi Geburt, nahm der Nebenfluss des Christenthums, der schon in seinem bisherigen Laufe durch die Ebenen des Heidenthums viel Schlamm und Gerölle in sich aufgenommen hatte, eine von seinem Hauptstrome, dem Judenthum, neben dem es bisher ruhig dahinfloss, divergirende Richtung ein. Er floss dann ein Jahrtausend durch das finstere, lange Thal des Mittelalters und füllte sich immer mehr mit Schlamm und Gestein; als er am Ende des 15. Jahrhunderts jenes Thal verliess, war er über und über mit Schlamm und Geröll angefüllt, die durch jüdische Blutspuren beschmutzt waren. — Da kam der grosse Luther. Er entfernte mit fester Hand den Unrath aus dem Flusse, oder mit anderen Worten: Der Protestantismus stiess viele heidnische Elemente aus dem Christenthum aus und näherte sich so um einen Schritt mehr dem reinen Monotheismus.

Eine ähnliche Umwandlung vollzog sich im Judenthum gegen Ende des 18. Jahrhunderts; und der Process dauert noch heute fort. — Moses Mendelssohn ist der jüdische Luther. Wie dieser von dem Papste und den Bischöfen, so wurde ersterer von den Führern des Judenthums, den Rabbinern, wegen seiner freisinnigen Bestrebungen verfolgt und in den Bann gethan; wie Luther, so gab auch Mendelssohn durch seine Bibelübersetzung der jüdischen Reformation die erste und mächtigste Anregung. Luther besass im Anfange nur wenige Anhänger im Kreise seiner Freunde; doch bald wuchs dieser Kreis von Tag zu Tag. Fürsten wurden Gönner des neuen Glaubens; und 400 Jahre nach Luther sehen wir, wie wir bereits an anderer Stelle hervorhoben, die mächtigsten Staaten der Welt auf der Basis des Protestantismus aufgebaut. Auch Mendelssohn hatte bei Lebzeiten nur wenige Freunde; heute, nach hundert Jahren, ist der beste und gebildetste Theil der Juden — und nur im Sinne dieser glauben wir hier das Wort führen zu dürfen — der begeisterte Anhänger der Ideen des Berliner Philosophen.

Doch wenden wir unseren Blick wieder dem Katholicismus zu.

Im Schoosse desselben vollzieht sich in der Gegenwart eine gewaltige Bewegung, deren Spuren dem genaueren Beobachter nicht entgehen. Nur hie und da zuckt aus dem schwarzen, schier undurchdringlichen Gewölke, mit dem die katholische Kirche sich so gern umhüllt, ein Blitzstrahl hervor, der auch dem Aussenstehenden für einen Moment einen Blick ins Innere des Heiligthums gewährt.

Was geht denn im Schoosse der ecclesia militans vor? fragt man sich erstaunt, wenn der telegraphische Draht aus Rom die lakonische, aber für den tiefer eindringenden Beobachter der Dinge vielbesagende Nachricht bringt, ein Domherr der St. Peterskirche, in der Residenz des Papstes selbst, habe dem Katholicismus Valet gesagt und sei zum Protestantismus übergegangen, ja noch mehr, beabsichtige ein Werk über die Reform der katholischen Kirche zu schreiben? Wie, sollten wir schon jetzt an dem oben bezeichneten Zeitpunkte angelangt sein, wo ein zweiter Augustinermönch dem Papstthum von Neuem den Fehdehandschuh hinwirft? Doch nein; täuschen wir uns nicht. Es fliegen zur Stunde noch viele schwarze Raben um den Kyffhäuser und erheben ein ohrenzerreissendes Gekrächze; und es wird noch lange Zeit währen, bis das düstere Nachtgevögel für immer in dem Inneren des Berges von seinem tausendjährigen hässlichen Concerte ausruhen und den Vögeln des Himmels den Platz räumen wird: der Schwalbe, die den Völkern einen neuen Weltenfrühling bringen möge, und dem mächtigen Adler, der kühn seinen Flug bis zu den Wolken erhebt.

Der ehemalige Domherr, der den Palast des Papstes verliess, um in die Kirche Luthers einzugehen, ist nur einer der vielen Vorgänger desjenigen Mannes, der in hundert oder mehr Jahren, wenn dann der Geist der Welt schon reif dazu sein dürfte, erstehen wird, um die grosse geistige und religiöse Revolution, die zur Zeit der französischen Encyklopädisten im vorigen Jahrhunderte begann, im neunzehnten sich allmählich in allen Ländern der Erde ausbreitet und, wenn wir uns vermessen dürfen, den Schleier der Zukunft zu lüften, im Laufe des zwanzigsten Jahrhunderts in hellen Flammen ausbrechen dürfte — anzuführen und ebenso der Menschheit die »Herzens- und Geistesrechte« zu geben, wie die französische Revolution der Welt die »Menschenrechte« gab. Dann, erst dann, wird sich die Menschheit der hohen Güter voll erfreuen können, um deren Besitz wir mit unserem Herzblut kämpfen müssen. . . . .

Doch nehmen wir den Faden unserer obigen Betrachtung wieder auf.

Das Judenthum verbietet also mit nichten die Ehe des Juden mit Nichtjuden. Konnte nun in jener biblischen Zeit unter letzteren naturgemäss nur die heidnische Welt verstanden werden, um wie viel geringere Hindernisse müssen vom Gesichtspunkte des Gesetzgebers der Ehe des Juden mit der christlichen Welt entgegenstehen, deren Religion eine Tochter des Judenthums ist?

Als Meilenzeiger für den langen Weg, den die Menschheit wird zurücklegen müssen, bis sie zu dem grossen Ziele gelangt sein wird, das wir in unserer vorhergegangenen Untersuchung angedeutet haben, steht für uns Moses mit seiner heidnischen Gattin Zipora da.

Wie wehmuthsvoll es aber auch für uns sein mag, wir müssen es wie zu Anfang unserer Schrift wiederholen: Die jetzt lebende Generation ist als solche noch nicht reif, in jenen grossen Process einzugehen. Aber bis dahin mögen Diejenigen, welche sich durch die Kraft des Geistes und der Liebe geläutert und stark genug fühlen, um über ihr Jahrhundert hinweg dem künftigen die Hand zu reichen, die Formen der Religion abzustreifen, um zu dieser selbst zu dringen, unbekümmert um das Zischeln ihrer Umgebung den heiligen Bund ihrer Herzen schliessen. Die wahre Liebe ist die beste Meisterin der Religion, die ja im Grunde nichts anderes ist, als die Liebe selbst. Und ihre Nachkommen mögen sie in demselben edlen und erhabenen Sinne zu Menschen erziehen, in des Wortes höchster Bedeutung, damit diese schon jetzt die Pioniere jener glücklichen Zukunft seien, die unseren späteren Nachkommen vorbehalten ist.

Nur wenige sind in unseren Tagen zu jenen Auserkorenen zu zählen, die von dem freien Geiste beseelt sind, von dem wir sprechen; aber auch nur sie sind stark genug, um den Kampf gegen die Vorurtheile der gegenwärtigen Generation mit Erfolg durchzuführen; die Uebrigen, die ohne es sich gestehen zu wollen, von jenen Vorurtheilen noch vollauf beherrscht sind, mögen sich in den tollkühnen Kampf wider den mächtigen Strom ihrer Zeit nicht einlassen; sie gehen in demselben unter und zerrütten ihr, ihres Weibes und, was noch mehr gilt, das Lebensglück ihrer Nachkommen. — Aber beide Theile, Mann und Weib, verbleiben im Verbande ihrer angeborenen Religion!

»Ausserhalb dieser Schranken zu bleiben und innerhalb der Nation zu stehen ist möglich, aber schwer und gefahrvoll«, sagt Mommsen (a. a. O. p. 15). Wir stimmen darin mit dem berühmten Historiker überein. Doch die Juden, die seit ihrem Eintritte in die Geschichte bereits so viele grosse Gefahren glücklich bestanden und dem Schwerte des Henkers entrannen, werden auch diese Gefahr bestehen. Wir werden ausharren, bis jener grosse Moment, der von allen wahren Freunden des Friedens in der Menschheit so sehr ersehnt wird, erschienen ist. Fürchten wir unsere Feinde nicht; unser Streit ist ein Streit Gottes.

Unsere Feinde üben für uns selbst Rache an sich: Haman wollte die Juden vernichten, und er selbst musste an den Galgen.

Wie Mardechai, der arme verachtete Jude, dem Könige das Leben rettete, so befreite das kleine jüdische Volk einen grossen Theil der Menschheit aus dem Banne des Heidenthums und wird, wie wir hoffen, auch die übrige im Laufe der Zeiten von den heidnischen Schlacken, die an ihr haften blieben, befreien. Und wie der persische König Achaschwerosch in einer schlaflosen Nacht — der Undank gegen Mardechai liess ihn wohl nicht ruhen — im Buche der Chronik das grosse Verdienst Mardechai's um sich und das Reich verzeichnet fand und in Folge dessen Haman, der allmächtige Reichskanzler und Hofmann, den armen Juden, den er bisher keines Fusstrittes gewürdigt hatte, in königliche Pracht kleiden, aufs königliche Ross heben, durch alle Strassen der Residenz führen und vor allem Volke ausrufen musste:

4

»Das ist der Mann, der dem Könige das Leben gerettet hat und den der König ehren will« — ebenso wird einst die Menschheit, eingedenk der unsterblichen Verdienste, die sich Israel mit Aufopferung seiner Ruhe und nicht selten seines Herzblutes um dieselbe erwarb, das jüdische Volk ehren und ihm die grosse Dankesschuld abtragen wollen. Dann, dann erst aber wird die Sterbestunde für Israel herangenaht sein; dann wird es seine Mission in der Weltgeschichte erfüllt haben und wird beruhigt nach vieltausendjähriger Arbeit sein müdes Haupt in die grosse Gruft legen können, die so viele Völker bereits verschlungen hat. Und wenn sich das Grab über Israel geschlossen haben wird, dann werden alle Völker dasselbe umgeben und dem alten Dulder nicht hass- sondern dankerfüllt eine Scholle in die kühle Erde nachwerfen und schmerzlich ausrufen: »Edler Märtyrer, wir und unsere Vorfahren haben dein grosses, erhabenes Streben für uns verkannt; wir haben dich gehasst, statt dich zu lieben und zu verehren. Doch nehme die Genugthuung dafür hin, dass wir fürder in deinem Sinne handeln und wandeln werden. Jetzt erst, nach deinem Tode begreifen wir dein Leben. Verzeihe, edler Märtyrer, verzeihe!«

Die Hoffnung auf eine solche Zukunft, die bereits vor drei Jahrtausenden von den jüdischen Propheten gehegt wurde, erfüllt noch heute das Herz des Juden; und diese schöne Hoffnung erhielt das Volk am Leben. Es stürzte sich selbst in die Flammen, die ihm seine Feinde bereitet hatten, nur um jene Hoffnung nicht aufzugeben; es beugte, die Augen in die ferne Zukunft gerichtet, einem Helden gleich, seinen Nacken vor dem Beile des Henkers, nur sein und seines Volkes Lebensmotto auf den Lippen führend: »Der Ewige, unser Gott, ist ein einig-einziger Gott.«

Und so wollen auch wir Juden der Gegenwart nicht Treubruch üben an der Menschheit und an unserer Zukunft! Beweisen wir uns als muthige Männer, wie wir es stets waren, welche die Gefahr nicht zurückschreckt, die vielmehr unseren Muth nur heben soll. Widerstehen wir also allen Versuchungen und Prüfungen!

Bis dahin aber arbeiten wir Beide, die christliche und die jüdische Welt, an uns selbst! Denn wir haben — gestehen wir es uns nur offen — Beide noch ein hübsches Stück Arbeit zu vollenden, bis wir uns beruhigt werden sagen können: Unsere Erziehung zu Culturmenschen ist vollbracht.

Möchte doch der althellenische weise Spruch, der in goldenen Buchstaben hoch oben auf dem Giebel des apollinischen Tempels zu Delphi prangte, der Spruch: »Erkenne dich selbst«, bald Gemeingut der Culturmenschheit werden! Denn schimpflich und unserer, der Söhne des 19. Jahrhunderts, unwürdig ist es, sich selbst belügen zu wollen: Wer nicht den Muth hat, die Wahrheit zu sagen und sie von Anderen zu hören, ist feiger als der Sclave, der seinem Herrn entrinnt, feiger als der Dieb, der nächtlicher Weile in das Haus seines schlafenden Bruders schleicht.

Nach der Vorschrift der Bücher Mosis wurde demjenigen elenden Sclaven, der das goldene Geschenk der Freiheit, das ihm in Israel nach göttlichem und bürgerlichem Rechte nach Verlauf einer bestimmten Dienstzeit von seinem Herrn geboten ward, zurückwies, zur Strafe dafür das Ohr durchbohrt, damit er sein Leben lang vor der Mitwelt als Gebrandmarkter erscheine, da er taub war gegen die Klänge der Freiheit, die vom Berge Sinai erschollen (Exod. 21. 5. 6). Es lag nämlich nach der Anschauung des Gesetzgebers die schimpflichste Beleidigung für das allmächtige Wesen darin, dass der zur Freiheit geborene Mensch sich selber zum Sclaven erniedrigen wollte.

Und sollte Aehnliches nicht auch von der Freiheit des Geistes gelten, die doch im Grunde nichts Anderes als die Wahrheit selber ist? — Brandmarken doch auch wir mit unseren Mitteln Denjenigen unter uns, der die Wahrheit zu vernehmen nicht die Kraft und den Muth besitzt! Wir brandmarken, und mit vollem Rechte, den Mann, der ehrlos handelt: Den elenden Wucherer, den gemeinen Betrüger, den ruchlosen Dieb.

Wir — oder genauer gesprochen — gewisse Gesellschaftsschichten unter uns nennen Denjenigen feige, der nicht sofort ein beleidigendes Wort, das dem Gegner im Augenblicke der Leidenschaft, zumeist wider seinen Willen, entschlüpfte, mit dem blutigen Säbel zu sühnen sich anschickt. Es ist hier nicht der Ort, die Berechtigung dieses Vorwurfes näher zu untersuchen. Doch das ist unzweifelhaft: Viel feiger ist die Memme, welche die Wahrheit nicht zu vertragen vermag.

Sei es uns im Folgenden gestattet, in Kürze auf das grosse Stück Arbeit hinzuweisen, das wir noch bis zur Vollendung unserer Selbsterziehung zu vollführen haben. — Greifen wir das bemerkenswertheste, soeben berührte Symptom der Verrohung unserer Gesellschaft heraus, das Duell.

Unsere persönliche Meinung in diesem Punkte ist die, dass es nicht schimpflich, sondern edel und des Culturmenschen des 19. Jahrhunderts allein würdig sei, dem Gegner, der ein beleidigendes Wort in der Hitze der Leidenschaft aussprach, grossmüthig zu verzeihen und nicht wie der Urmensch gleich zur Keule zu greifen. — Wenn Trunkenbolde, die ihrer Zunge und ihres Verstandes nicht mehr mächtig sind, um ihren Gegnern mit diesen Mitteln Widerstand zu leisten, zum Messer greifen, um ihrem Partner einen Stich in die Brust zu versetzen, da wenden wir — und doch sicherlich auch jene für »auserlesen« geltende Gesellschaftsschichten — uns mit Abscheu und Widerwillen von diesem Schauspiele ab. Verdienen aber Männer, die, so zu sagen, zu den Gebildeten gezählt werden — denn wir von unserem Standpunkte sprechen rundweg dieses Ehrenprädicat Männern ab, die so sehr noch im Banne der Rohheit und des Atavismus befangen sind, dass sie leichterdings bereit sind, ehrenvollen Männern : Familienvätern, die Weib und Kinder daheim zu versorgen haben, Söhnen, die oft den Stolz und die einzige Stütze ihrer Eltern bilden, wegen eines blossen Wortes die Kugel durch die Brust zu jagen oder dieselben doch für immer zu kennzeichnen — verdienen, fragen wir, solche Leute die tiefste Verachtung nicht in viel höherem Grade, als jene rohen, ungebildeten Trunkenbolde, welche im Zustande des Rausches zum Messer und zur Hacke greifen?

Es klingt wie Ironie, dass gerade der Officiers- und der Studentenstand, die beiden idealsten Stände im Staate, jene atavitischen Ueberreste aus der Zeit des Faustrechtes so ängstlich beizubehalten und mit einer strahlenden Gloriole zu umgeben versuchen.

Welcher Patriot wird nicht den Officiersstand ehren und lieben, da dieser doch die hohe Mission besitzt, die Bürger im Kampfe gegen den auswärtigen, nationalen Feind anzuführen und die vaterländischen Fahnen mit Ehre und Ruhm zu bedecken! Wir Oesterreicher sind stolz auf unser Officierscorps, das nicht den Officierscorps anderer Länder gleicht, die sich als eine abgeschlossene Kaste im Staate geriren und in lächerlichem Hochmuthe — als ob sie, wie Pallas Athene mit Lanze und Aegis bewaffnet, aus dem Haupte ihres Vaters Jupiter hervorging, ebenso direct als Fähnriche oder Secondelieutenants mit Degen, Schnürbrust und Monocle aus dem Schosse ihrer Mütter emporgestiegen wären — die Bürger, die doch das im Schweisse ihres Angesichtes erworbene Geld dazu hergeben, um die Armee auszurüsten und im Stande zu erhalten, als Unterthanen zweiter und dritter Classe betrachten, die ihres Umganges nicht würdig sind. Unsere, die österreichischen Officiere, fühlen sich als Bürger; sie haben ihren hohen Beruf erfasst, den sie auf dem Schlachtfelde zu üben haben. Aber daheim, zur Zeit des Friedens, legen sie Helm und Kriegsmantel ab und legen die Friedenstoga um. Sie fühlen sich z. B. nicht beleidigt und rümpfen nicht hochmüthig die Nase, wenn es ein Bürger wagt, in einem öffentlichen Locale sich neben sie zu setzen oder sie anzusprechen. — Und weil das österreichische Officierscorps vor den Officierscorps mancher anderer Länder jene Vorzüge besitzt, so scheint es uns auch dazu berufen, im Punkte des Zweikampfes das erlösende Wort zu sprechen. Der Ruhmeskranz, den es sich durch diese glorreiche That im Dienste der Menschheit erringen wird, wird sich würdig den vielen Lorbeerkränzen anreihen dürfen, welche unsere Armeen auf dem Felde der Ehre sich erworben haben.

Graf Moltke sagte in einer seiner berühmten Parlamentsreden: Der Militarismus erziehe die Völker. Räumen wir die These des greisen, ruhmvollen Generalfeldmarschalls, der doch unzweifelhaft mit seinen Worten der Anschauung sämmtlicher militärischer Kreise der Welt Ausdruck verliehen hat, ein.

Wozu soll nun aber, fragen wir, der Militarismus die Völker heranziehen? Doch gewiss nicht lediglich zur Führung der Waffen gegen den Feind. Denn dass der Krieg eine internationale Rohheit und nichts Anderes als die Uebertragung des Duells in's Ungeheuerliche sei, die darum doch noch immer nicht eine andere Würdigung verdient, als ihr Original, der Zweikampf, ist klar und es wird wohl diese Ansicht von den unbefangenen Angehörigen der Armee selbst getheilt. — Der Militarismus soll nach unserer Ansicht eine Schule des Volkes bilden, in welcher dieses nicht nur die etwa versäumte körperliche und geistige Bildung nachholen und vervollkommnen, sondern auch — und vorzugsweise diess — wo es zu den Mannestugenden des Muthes, des Charakters und der Ehre herangezogen werden soll. Wird der Militarismus in diesem Sinne als Schule des Volkes aufgefasst, wir sind's zufrieden. Es wird dann die Opposition, die jetzt gegen den Militarismus von vielen Seiten erhoben wird, den wärmsten Sympathien den Platz räumen. Denn wir wollen das Volk erziehen; und da ist es uns gleichgiltig, ob Diejenigen, welche diese erhabene Mission erfüllen, in Civil- oder Militärröcken gekleidet sind. — Wenn wir in dieser Weise den Ausspruch Moltke's richtig interpretirt haben, dann hat Moltke ein grosses und wahres Wort gesprochen, das der Beherzigung aller derer werth ist, denen das Volkswohl am Herzen liegt.

Von diesem Standpunkte aufgefasst, wäre der Militarismus eine der grossartigsten socialen Institutionen der Gegenwart und unserer Aller Pflicht wäre es, jene Institution zu stützen.

Denn woran krankt vor Allem unsere heutige Gesellschaft? — Es sind die Erbübel, welche die Bestie, die im Menschen wohnt, nie verlassen: Rohheit, Feigheit und Charakterlosigkeit, Heuchelei und Lüge.

Roh und verwildert ist die Gesellschaft von den obersten bis in die tiefsten Schichten derselben.

Rohheit ist es, die dem Mörder den Mordstahl in die Hände drückt, um dem unschuldigen Mitbürger den Garaus zu machen; Rohheit ist es, die dem Duellanten die Pistole in die Hände drückt, um seinen Gegner in Gegenwart des Arztes und der Secundanten, nach vorhergegangenem Grusse und unter Befolgung der widersinnigsten Duellregeln hinzustrecken. Der gemeine Mörder ist sich wenigstens instinctiv der Grösse des Verbrechens bewusst, das er an dem Geiste der Humanität und des Rechtes verübt; Er mordet, nicht allein aus Furcht vor dem Ergriffenwerden, sondern auch jenem Instincte folgend, sein Opfer im Geheimen hin; er macht wenigstens Niemanden zum Zeugen seiner grausigen That: der Duellant aber, der vorher vielleicht im adeligen oder Officierscasino ruhig seine gewohnheitsmässige Billardpartie gespielt und die Journale durchblättert hat, ist so frivol und schiesst am helllichten Tage, am liebsten in Gottes freier Natur, unter freundlicher Assistenz seiner Collegen, sein Opfer nieder: Der Leichnam wird in die nächste Todtenkammer geschafft — was kümmert den Mörder das Herzleid der durch ihn vielleicht für immer zu Grunde gerichteten Familie? —; der Duellant sammt ärztlichen und sonstigen Ministranten der Bluttat kehren heim. Der Mörder ist so honnett — und stellt sich selbst dem Gerichte. Er wird, als den besseren Ständen angehörig, Dank seinem Ehrenworte auf freien Fuss gesetzt — der Bettler, der sich erfrecht, für sein hungerndes Weib und Kind an den Thüren seiner reichen Mitbürger um ein Almosen zu betteln, wird erbarmungslos im Namen des Gesetzes verhaftet! Es kommt der Verhandlungstag: Sensationeller Process. Die feinsten Damen, die sonst am liebsten die Strassen mit Teppichen bedeckt sähen, die nichts ohne Handschuhe antasten, eilen wie die Marktweiber herbei, bedrängen händeringend den Gerichtsbeamten um Einlasskarten in den Gerichtssaal und sitzen in dem schwülen Saale Stunden lang da, um den Herrn Mörder anzugaffen, der seinen Gegner.

welcher im Augenblicke der Leidenschaft ein hartes Wort fallen liess, herzlos niederstach. Der Gerichtshof verurtheilt den elegant gekleideten Mörder zu sechs Monaten Staatsgefängniss. Allgemeine Sympathie im Zuschauerraum und in dem grossen, millionenäugigen Lesepublicum, das die sensationellen Berichte aus dem Gerichtssaale mit Spannung verschlingt....

Schäme sich doch die Culturmenschheit am Ende des 19. Jahrhunderts solcher selbstaufgeführter Komödien! Habe doch den Muth, offen auszusprechen: Derjenige, der beeinem anderen Menschen das Leben nimmt, ist ein Mörder und verdient den Tod. Versuche man es, nur drei Duellanten, denen es gelang, ihre Gegner niederzuschiessen, erbarmungslos hinzurichten — und das Duell wird bald auch bei jenen »auserlesenen« Gesellschaftsschichten zu den »überwundenen Standpunkten« gehören. Nehme man auch einen Cavalier, wenn er seinen Gegner im Zweikampfe hinstreckte — trage er nun eine Grafen- oder Fürstenkrone in seinem Wappen — sofort in strengen Gewahrsam, kleide ihn in die Arrestantenjacke, führe ihn unter der Escorte eines Gensdarmen in den Gerichtssaal — und die Sympathie des Publicums ist dahin; man wird dem Herrn Grafen dieselbe Verachtung zollen, die man einem Mörder anderen Kalibers darbringt. Nur einige Beispiele: Exempla trahunt....

Feigheit und Charakterlosigkeit sind das andere grosse Gebrechen, unter welchem unsere Gesellschaft so schwer zu leiden hat.

Römische und griechische Sclaven krochen nicht so hündisch vor ihrem Herrn, der sie doch ganz in seiner Gewalt hatte, als unsere Culturmenschen am Ende des 19. Jahrhunderts im aufgeklärten Europa vor Leuten kriechen, die einige tausend Thaler im Kasten liegen haben!

Denjenigen, der sich einen idealen Begriff von der Würde des Menschen gebildet hat, muss es auf's Tiefste empören, wenn der Untergebene, der doch auch ein freier Mann und ein Sohn des 19. Jahrhunderts ist, wie ein Hund vor seinem Herrn kriecht, seinen Nacken tief zur Erde beugt, als wagte er es kaum, dem stolzen Gebieter in's Auge zu blicken. Wir bedauern den Diener, dass er moralisch so tief gesunken ist, aber wir verachten und fluchen dem Herrn, der den Tiefgebeugten nicht zu sich emporhebt, um ihm zuzurufen: »Du bist mein Bruder; blicke Dich nicht vor mir, denn diese Ehrfurchtsbezeugung gebührt nebst unserem gemeinsamen Vater im Himmel nur dem gesalbten Vertreter der göttlichen Macht auf Erden. Wir alle Menschen arbeiten an einem grossen gemeinschaftlichen Werke, das uns der grosse Werkmeister dort oben auftrug: dem Einen ist dieses, dem Andern jenes Amt zugefallen. Du wurdest mir als Gehilfe meiner Arbeit zugewiesen; unterstütze mich freundlich, ich will Dir Deine Mühe entgelten. Im Uebrigen sind wir einander wie vor Gott, so auch vor dem Gesetze gleichgestellt.« So lange nicht dieses Bewusstsein in die Kreise der Herrschenden sowohl, wie der Dienenden eingedrungen ist, haben wir nicht das Recht, uns über das antike Sclaventhum und die unterwürfige Kriecherei des heutigen Orientalen lustig zu machen. Dieselben Zustände leben unter uns, nur in anderer Form, fort. Denn, ob der europäische Lakaie demüthig den Hut bis an die Erde zieht, wenn er seines Herrn gewahr wird, oder ob der Orientale seinen »ganzen« Körper auf den Boden wirft, läuft am Ende auf Eines hinaus. Erziehen wir doch den Menschen zunächst zur Achtung vor sich selbst, zur Erkenntniss seiner Menschenwürde!

Das dritte oben bezeichnete Gebrechen der modernen Gesellschaft ist die Lüge und die Heuchelei.

»Die Menschheit, die gleich Faust Erkenntniss und Glück sucht«, führt ein geistvoller Schriftsteller unserer Tage aus, »war vielleicht zu keiner Zeit so weit entfernt, wie jetzt, dem Augenblicke zuzurufen: »Verweile doch, du bist so schön!« Bildung und Gesittung breiten sich aus und nehmen von den wildesten Gegenden Besitz. Wo gestern noch Finsterniss herrschte, da flammen heute Sonnen. Jeder Tag sieht eine neue wunderbare Erfindung emporspriessen, welche die Erde wohnlicher, die Widerwärtigkeiten des Daseins erträglicher, die dem Menschenleben gewährten Befriedigungen mannigfaltiger und eindringlicher macht. Aber trotz dieser Vermehrung aller Bedingungen des Behagens ist die Menschheit unzufriedener, aufgeregter, rastloser als je. Die Culturwelt ist ein einziger ungeheurer Krankensaal, dessen Luft beklemmendes Stöhnen füllt und auf dessen Betten sich das Leiden in all' seinen Formen windet. Wandere von Land zu Land und rufe die Frage hinein: »Wohnt hier Zufriedenheit? Habt ihr Ruhe und Glück?« Ueberall wird dir die Antwort entgegentönen: »Zieh' weiter, wir haben nicht, wonach du fragst.« Horche über die Grenzen: der Wind trägt dir überall die wüsten Geräusche von Streit und Kampf, von Aufruhr und gewaltsamer Unterdrückung an's Ohr.....

Woher nun dieser unleidliche Seelenzustand der Culturmenschheit? Woher diese in solcher Tiefe und Ausdehnung beispiellose Verstimmtheit und Verbitterung aller Denkenden in einer Zeit, die doch selbst dem Aermsten eine Fülle geistiger und materieller Befriedigungen leicht erreichbar macht, welche sich früher selbst ein König nicht verschaffen konnte? Woher? Aus derselben Ursache, welche die gebildeten Spätrömer mit jenem Ekel vor der Leere des Daseins erfüllte, von dem sie sich blos durch den Selbstmord befreien zu können glaubten; aus dem Gegensatze zwischen unserer Weltanschauung und allen Formen unseres individuellen, gesellschaftlichen und bürgerlichen Lebens. Jede unserer Handlungen widerspricht unseren Ueberzeugungen, verhöhnt sie, straft sie Lügen. Ein unüberbrückbarer Abgrund klafft zwischen unserer Erkenntniss, zwischen dem, was wir als Wahrheit empfinden und den herkömmlichen Einrichtungen, unter denen wir zu leben und zu wirken gezwungen sind... Form und Inhalt unseres bürgerlichen Daseins schliessen einander heftig aus. Das Problem unserer officiellen Cultur scheint zu sein, einen Würfel in einer Kugel von gleichem Rauminhalt unterzubringen. Jedes Wort, das wir sprechen, jede Handlung, die wir üben, ist eine Lüge gegen das, was wir in unserer Seele als Wahrheit erkennen. So parodiren wir uns gleichsam selbst und spielen eine ewige Komödie, die uns trotz aller Gewohnheit ermüdet, die von uns eine beständige Verleugnung unserer Erkenntniss und Ueberzeugungen verlangt und uns in Momenten der Selbsteinkehr mit Verachtung vor uns und dem Welttreiben erfüllen muss. Wir tragen bei hundert Gelegenheiten mit feierlichen Mienen und gesetztem Anstande ein Costüm, das uns selbst eine Narrenjacke scheint, wir heucheln äusserliche Verehrung vor Personen und Einrichtungen, die uns innerlich im höchsten Grade absurd dünken, und halten feige an Conventionen fest, deren vollständige Unberechtigtheit wir mit allen Fibern unseres Wesens fühlen. Die Rückwirkung eines solch' ewigen Conflictes zwischen den Daseinsformen und den Ueberzeugungen auf das innere Leben des Individuums ist eine tragische. Man erscheint sich selbst wie ein Clown, der Alles lachen macht, aber den seine eigenen Spässe anekeln und tief traurig lassen. Dieser beständige Widerspruch zwischen unseren Anschauungen und allen Formen unserer Cultur, diese Nothwendigkeit, umgeben von Einrichtungen zu leben, die wir als Lügen betrachten, sie sind es, die uns zu Pessimisten und Skeptikern machen. Das ist der tiefe Riss, der durch die ganze Culturwelt geht. In diesem unerträglichen Zwiespalt verlieren wir alle Daseinsfreude und alle Strebenslust. Er ist der Grund des fieberischen Unbehagens, das die Gebildeten aller Nationen verdüstert. Das unheimliche Räthsel der Zeitstimmung hat ihn zur Lösung.«

Machen wir doch diesem lügenhaften, unserer unwürdigen Zustande einmal ein Ende! Sprechen wir uns aus, wie es uns um's Herz ist. Denn der Wahrheit ist der endliche Sieg bestimmt; es ist nur eine Galgenfrist, welche durch die in unseren Tagen allerorten in Europa sich erhebende Reaction der Lüge gegönnt wird. Kürzen wir, da es zum Theil in unserer Macht liegt, jene Frist ab und streben wir darnach, den Zeitpunkt so bald als möglich herbeizuführen, wo Jeder von uns den Muth haben wird, die Wahrheit auszusprechen und sie auch von Anderen zu vernehmen.

Diese Selbsterziehung ist ein schweres Stück Arbeit; es wird viele Mühe kosten, sie zu Ende zu führen. Aber die Arbeit ist unausweichlich, wollen wir nicht in dem gegenwärtigen verwirrenden Mischzustande von Cultur und Rohheit verharren. . . . . . .

Wir bezeichneten oben unter gewissen Bedingungen den Militarismus als den grossen Lehrmeister und Erzieher der Völker. Betrachten wir den Gegenstand, welcher der Beachtung vollauf würdig ist, etwas näher.

Der Knabe verlässt nach zurückgelegtem 14. Lebensjahre die Bürgerschule, respective die unteren Classen der Mittelschule — die Jünglinge, welche ihre gelehrten Studien fortsetzen, lassen wir hier ausser Betracht; der Jüngling tritt ins Leben ein, widmet sich einem Gewerbe. In dem langen Zeiträume vom 14. bis zum 20. Lebensjahre, wo ihn das Vaterland unter die Waffen ruft, ist der Jüngling zumeist nur seinem eigenen Willen und dem Einflusse der ihn umgebenden freiwillig gewählten Gesellschaft unterworfen. Wie tief wurzelt oft schon in diesen jungen Seelen das Laster und der Hang zum Verbrechen! Er tritt in die dumpfen Räume der Kaserne. Der schroffe Gegensatz zwischen der eben noch genossenen vollen Freiheit und der persönlichen Unfreiheit, die dem Soldaten nach den jetzt in unseren Armeen geübten Principien zu Theil wird, drückt ihn nieder. Er betrachtet die Kaserne als ein Gefängniss, dem er nach abgelaufener Dienstzeit zu entfliehen froh ist. Die drei schönsten Jahre seines Lebens gingen auf diese Weise spurlos für seine Erziehung verloren; er ward aus seiner früheren Lebensweise herausgerissen, nur schwer gewöhnt er sich in seinen alten Lebenslauf wieder. Von seinem Soldatenleben bleiben ihm keine erhebenden Erinnerungen zurück. Denn das Andenken an das Zusammenleben mit seinen Kameraden in der dumpfen Kasernenstube, an die verbüssten Einzelhaften u. dgl. kann nur erniedrigend und demüthigend auf ihn zurückwirken.

Wie heilvoll und nutzbringend dagegen kann der Militarismus für den Staat und dessen Bürger werden, wenn er so aufgefasst wird, wie ihn einer der genialsten Officiere der österreichischen Armee, Feldmarschalllieutenant Erzherzog Johann, in seinem bekannten geistvollen Vortrage: ›Drill oder Erziehung‹ auffasst, der als militärischer Katechismus von jedem Officiere, gehöre er welcher Armee immer an, beherzigt und gewürdigt zu werden verdient, der aber auch dem Laien eine Fülle geistreicher und anregender Aperçus darbietet.

Wir freuen uns, dass wir uns mit unseren obigen Betrachtungen, die wir unabhängig von den Ausführungen des Erzherzogs niederschrieben, mit diesem auf einem und demselben Standpunkte befinden. Doch lassen wir dem hohen Verfasser selber das Wort:*

›**Man verbessere nicht Alles**, was der Untergebene macht; gehe über manche Unrichtigkeit der Durchführung, ja sogar des Entschlusses hinweg, um Entschlusskraft und Selbstvertrauen nicht anzukränkeln. Man lasse sich nie durch Laune oder Leidenschaft bestimmen und zermalme nicht anderweitige Meinung. Man belohne nicht die Augendienerei, mit welcher sich der Eine einzuschmeicheln versucht, und knicke nicht den festen Charakter, der im Bewusstsein seines Werthes sich nicht um die Gunst bewirbt, ja vielleicht auch unbequem wird. **Auf solche Weise wird man militärische Charaktere erziehen.** Anders können nur Sclaven gezüchtet werden, die, in der Alternative zwischen Sein und Nichtsein, das Sein mit ihrem Charakter erkaufen, anfangs vielleicht unwillig, nach und nach aber mit ihrer moralischen Entmannung ausgesöhnt. Dem Officier muss **der Schwung einer idealen Auffassung seines Berufes** eigen sein. Er wird darin einen Rückhalt gegen den Ansturm des Materialismus, den stärksten Antrieb für die Erfüllung der harten Pflichten seines Berufes finden. Der Officier wisse, dass, wenn er, ein lebendiger Wall, feststeht gegen die Brandung der desorganisirenden Neigungen unserer Zeit, diese sich an seiner Gesinnungstüchtigkeit brechen müssen. Er schöpfe Selbstbewusstsein aus dem Vor-

---

* ›Drill oder Erziehung.‹ S. 20 f. Wien 1884, 3. Aufl.

rathe redlichen Verdienstes, den er sich zurücklegt, indem er Jahr um Jahr jenen in die Reihen des Heeres tretenden 100.000 Menschen höhere Gesittung, Sinn für Ordnung und Gerechtigkeit, Wissen und Charakter anerzieht, diese Segnungen der Cultur, welche sie, ein fruchtbringendes Angebinde, in ihre entlegene Heimat mit nach Hause tragen; der Officier erfüllt da eine Friedens-Mission nicht weniger erhaben, als seine blutige Aufgabe im Kriege.

In diesem Sinne wäre der Militarismus eine zweite Schule, durch die der Jüngling hindurchzugehen hätte, bevor er endgiltig sich seinem Lebensberufe widmet. In jener Schule würde sich der Jüngling die oben bezeichneten schönen Mannestugenden des Muthes, des Charakters und der Ehre aneignen, damit er, an Geist und Seele gestärkt, in den Kampf des Lebens hinaustrete und nicht feige in demselben untergehe. Das Kriegshandwerk bilde den Nebenzweck; der Hauptzweck sei die Erziehung zum muthigen, selbstbewussten Charakter. »Der Officier bedarf« — sagt Erzherzog Johann (a. a. O. p. 19) — »aller vom Manne geforderten moralischen Eigenschaften im erhöhten Masse. Es gilt militärische Charaktere zu erziehen, selbstständige, freudig thätige, im guten Sinne selbstbewusste Männer.«

Wenn diese Auffassung einmal in der Verwaltung unserer Armeen zum Durchbruche gelangt, dann werden die Kasernen als Schulen, unsere Officiere als die Lehrer unserer Jünglinge von den Bürgern angesehen und verehrt werden. Die Vertreter des Volkes werden das Budget für das Kriegsministerium mit derselben Bereitwilligkeit votiren, mit der sie jetzt das Cultus- und Unterrichtsbudget votiren. Der Militarismus, der bei den gegenwärtigen Verhältnissen nur als eine veraltete Institution betrachtet werden muss, würde sich nach Umgestaltung in dem oben bezeichneten Sinne neu verjüngen und einen der bedeutendsten Factoren in der Culturentwicklung des modernen Staates bilden.... Doch wir kehren nach diesem Excurse zum Ausgangspunkte unserer gegenwärtigen Betrachtung zurück.

Das widerlichste Gebräu jener im Vorgehenden kurz nachgewiesenen Gebrechen, an denen die moderne Gesellschaft leidet, ist der Antisemitismus, der, wie der oben citirte geistreiche Autor sehr trefflich sagt, nichts Anderes ist, als »der bequeme Vorwand zur Bekundung von Leidenschaften, die sich unter ihrem eigentlichen Namen nicht sehen lassen dürften: denn in der Verkleidung des Antisemitismus tritt bei den Armen und Unwissenden der Hass gegen den Besitzenden, bei den Nutzniessern mittelalterlicher Vorrechte, also bei den sogenannten privilegirten Classen, die Furcht vor begabteren Mitbewerbern um Einfluss und Macht, bei der verworrenen idealistischen Jugend eine übertriebene und unberechtigte Form des Patriotismus, nämlich die unerfüllbare Forderung nicht blos politischer Einheit des deutschen Vaterlandes, sondern auch ethnischer Einheit des deutschen Volkes zu Tage.«

Das ist die einzig richtige Definition des Antisemitismus. Wer demselben andere Motive unterschiebt, ist ein Unwissender oder ein frecher Lügner, der seinen Mitbürgern Sand in die Augen streuen will. Mögen sich doch die grossen und ruhmvollen Völker Deutschlands und Oesterreichs schämen, sich von einer Handvoll frecher Menschen, welche die Seele des Volkes vergiften wollen, um über dessen Haupte hinweg zu ihren niedrigen persönlichen Zielen zu gelangen, an der Nase herumführen zu lassen!

Schämt sich das deutsche Volk wirklich nicht, nach Führern, wie Luther, Ulrich v. Hutten und Lessing waren, sich Leute von dem Kaliber eines Stöcker, Dühring und Herrn v. Schönerer als Führer aufoctroyiren zu lassen?

Man macht fast immer die Gesammtheit der Juden für ein einzelnes Individuum aus ihrer Mitte verantwortlich; die Juden haben das Recht, ihren Gegnern mit gleicher Münze zu zahlen: So lange das deutsche Volk nicht wie ein Mann

Stöcker und dessen Partei vor aller Welt und in der entschiedensten Weise von seinen Rockschössen schüttelt, insolange machen wir das ganze deutsche Volk für den Antisemitismus, der, wie gesagt, aus den Ingredienzien der Feigheit, Lüge und Frechheit in der Metropole Deutschlands von Mephisto-Stöcker und seinem sauberen Anhang, wohl unter Mitwirkung von Hexen und Inquisitionsgeistern aus dem Mittelalter zusammengebraut wurde — verantwortlich. Es überkommt Einen unwillkürlich ein mitleidiges Lächeln — und dieses mitleidige Lächeln gilt den Wählern des Herrn Stöcker — wenn wir Männer wie Moltke, Mommsen und Virchow neben dem salbungsvollen Volksverhetzer und Volksverführer in einem Saale als Volksvertreter sitzen sehen.

Männer, wie die Genannten, müssen das Aufoctroyiren eines solchen Collegen als die tiefste Beleidigung auffassen. Dass es aber so weit kam, ist ein Zeichen dessen, dass der Genius des deutschen Volkes, nachdem er Frankreich niederwarf, müde sein Haupt zur Erde senkte. Das deutsche Volk, das in dem geheiligten Saale seiner Volksvertreter Männer wie Stöcker duldet, kann unmöglich das deutsche Volk von 1813 und 1870 sein!

Der Antisemitismus ist ein gar böser Gast in einem Lande. Wie ein giftiger, gefrässiger Wurm nagt er an dem saftigen Baume der Volksseele, so lange, bis diese selbst vergiftet ist.

Das Volk, das einen Hermann und den Staufen Friedrich II., den Sänger der Nibelungen und der Gudrun, einen Walther von der Vogelweide und einen Gotfried von Strassburg, einen Luther und Ulrich v. Hutten, einen Goethe und Lessing, einen Herder und Schiller, einen Kant und einen Fichte hervorgebracht hat, soll nicht den Muth haben, die Wahrheit zu sprechen und der frechen Lüge die Maske vom Angesichte zu zerren?! Warum hüllt sich denn das deutsche Volk unter eine fremde Larve? Warum nennen sich die Gegner der Juden nicht mit einem guten deutschen Worte »Judenfeinde«, sondern verbergen ihre Niedertracht unter ein fremdes, halb griechisches, halb semitisches Wort, das erst eine Geburt der neuesten Zeit ist? Haben denn die Antisemiten durch ihre fortwährende Beschäftigung mit den Semiten und und deren Literatur ihr Deutsch vergessen?

Aber freilich; in ein Wort, dessen Bedeutung den grossen Volksmassen nicht klar ist, kann man nach Belieben Alles hineininterpretiren, was den Volksverhetzern gerade in den Kram passt. Wir können ja die allgemeine Bemerkung machen, dass fast alle Schlagwörter, die unsere Zeit beherrschen, wie: Reaction, Socialismus, Socialdemokratie, Conservatismus etc. Fremdwörter sind. Man will ja eben nicht an den Verstand, sondern an den Instinct der grossen Volksmassen appelliren. Und für den dunklen, geheimnissvollen Instinct passt vortrefflich das dunkle, geheimnissvolle Gehäuse des Fremdwortes. — Von diesem Standpunkte betrachten wir es als eine grosse Errungenschaft, dass die neue Parteibildung im deutschen Parlamente den Muth hatte, sich einen deutschen Namen beizulegen. Wie verstimmt die reactionäre Partei über diese scheinbar doch nur äusserliche und unwesentliche Aenderung des Namens der neuen »freisinnigen« Partei ist, kann man aus der heftigen Polemik ersehen, welche Fürst Bismarck in seiner jüngsten grossen Parlamentsrede in der Unfallversicherungsdebatte gegen jene Bezeichnung geführt hat.

Habe doch auch die antisemitische Partei den Muth, sich »judenfeindliche« zu nennen. Wir können Niemand hindern, dass er die Juden hasse — es bleibt diese Gesinnung Jedem freigestellt; aber dann nenne er sich vor aller Welt »Judenfeind«! Wer dazu nicht den Muth hat, den nennen wir einfach einen Feigling, und mit Feiglingen uns in eine Discussion einzulassen, halten wir unter unserer Würde. Sagen wir es nur gerade heraus: Der »Antisemitismus« ist eine Feigheit, und dem Volke, das denselben erzeugt und gezeitigt hat, wird für diese That in der Culturgeschichte der Menschheit sicherlich kein Ruhmeskranz gewunden werden.

Der Antisemitismus ist in demselben Grade eine Feigheit, wie der Selbstmord eine solche ist. Wer nicht den Muth besitzt, im harten Kampfe des Lebens auszuharren, der wirft die Flinte ins Korn und desertirt feige aus dem Kampfgetümmel des Lebens. Denjenigen, der Jahre hindurch den Widerwärtigkeiten und Nothlagen des Lebens festen Herzens zu trotzen im Stande ist, nennen wir muthig; nicht aber den, der es über sich bringt, geschlossenen Auges sich in die Fluthen des Stromes zu stürzen, um in einigen Secunden dem Schauplatze seiner ehemaligen Wirksamkeit für immer zu entrinnen.

Ebenso ist Derjenige, welcher nicht den Muth hat, den socialen Gefahren der Gegenwart ins Antlitz zu blicken, sondern für die unglücklichen Zustände, die er selbst hervorgebracht hat, Andere verantwortlich macht, feige und überdies — kindisch zu nennen.

Tausend Jahre hatten die Völker Zeit, ihre socialen Institutionen nach ihrem Belieben zu formen und zu gestalten. Wenn sie trotz dieses grossen Zeitraumes es noch nicht so weit gebracht haben, dass sie die Concurrenz eines Häufleins rühriger Mitbürger, die sie grausamer und schmählicher Weise wider göttliches und menschliches Recht aus der Gesellschaft ausgeschlossen haben, nicht vertragen können, dann stellen sie sich selbst das grösste Armuthszeugniss aus.

Der geistige Vater des deutschen Antisemitismus, Herr v. Treitschke, scheint das Schimpfliche, das in dem Antisemitismus für Niemanden mehr als für das deutsche Volk selbst liegt, instinctiv herausgefühlt zu haben. Schmerzlich ruft er aus: *»Ein Volk von festem Nationalstolze hätte die Schmähungen der Epigonen Börne's niemals aufkommen lassen; ein Volk mit durchgebildeten Sitten hätte seine Sprache vor dem Einbruche jüdischer Witzblattsrohheit spröder bewahrt. Vor allem Andern aber hat die unglückliche Zerfahrenheit unseres kirchlichen Lebens, die Spottsucht und der Materialismus so vieler Christen den jüdischen Uebermuth grossgezogen. In den frivolen, glaubenlosen Kreisen des Judenthums steht die

* »Ein Wort über unser Judenthum«, p. 27. Vergl. im Ganzen: »Zur Judenfrage«, Sendschreiben an Treitschke von Prof. Dr. Harry. Bresslau, Berlin 1880.

Meinung fest, dass die grosse Mehrheit der gebildeten Deutschen mit dem Christenthum längst gebrochen habe. Die Zeit wird kommen und ist vielleicht nahe, da die Noth uns wieder beten lehrt, da die bescheidene Frömmigkeit neben dem Bildungsstolze wieder zu ihrem Rechte gelangt. Am letzten Ende führt jede schwere sociale Frage den ernsten Betrachter auf die Religion zurück. Die deutsche Judenfrage wird nicht eher ganz zur Ruhe kommen, das Verhältniss zwischen Juden und Christen sich nicht eher wahrhaft friedlich gestalten, als bis unsere israelitischen Mitbürger durch unsere Haltung die Ueberzeugung gewinnen, dass wir ein christliches Volk sind und bleiben wollen.«

An einer früheren Stelle (p. 4) seines antisemitischen Laienbreviers sagt Herr v. Treitschke: ».... Was die Juden in Frankreich und England zu einem unschädlichen und vielfach wohlthätigen Elemente der bürgerlichen Gesellschaft gemacht hat, das ist im Grunde doch die Energie des Nationalstolzes und die festgewurzelte nationale Sitte dieser beiden alten Culturvölker. Unsere Gesittung ist jung; uns fehlt noch in unserem ganzen Sein der nationale Stil, der instinctive Stolz, die durchgebildete Eigenart, darum waren wir so lange wehrlos gegen fremdes Wesen. Jedoch wir sind im Begriffe, uns jene Güter zu erwerben, und wir können nur wünschen, dass unsere Juden die Wandlung, die sich im deutschen Leben als eine nothwendige Folge der Entstehung des deutschen Staates vollzieht, rechtzeitig erkennen.«

Ist das nicht eine Selbstanklage in optima forma? Und diese Selbstanklage ist mit vollem Rechte erhoben. Denn die »christlichen« Völker haben gar schwere Sünden auf ihrem Gewissen. Ihre Fürsten und Regierungen haben es ruhig mit angesehen, wie Hunderttausende ihrer Unterthanen aller Menschenrechte beraubt und nicht selten der Willkür des Strassenpöbels überlassen wurden; die »christlichen« Völker und Fürsten duldeten es, dass Hunderttausende unschuldige Menschen auf dem Scheiterhaufen ihr Leben aushauchen mussten, weil sie sich erfrechten, den einig-einzigen Gott im Himmel anzubeten und sich zu den Dogmen der »alleinseligmachenden« Kirche nicht bekennen wollten.

Die »christlichen« Völker und Fürsten duldeten es, dass zur Freiheit geborene Menschen zu Sclaven, zu Leibeigenen erniedrigt wurden; sie sahen ruhig zu, wie der Adel sich aus dem geraubten Gute der wandernden Kaufleute stolze Burgen und Schlösser erbaute. Denn — es sei dies an dieser Stelle nebenbei bemerkt — der alte, reichbegüterte, nach Tausenden von Familien zählende Adel, und nicht die Handvoll jüdischer Millionäre, die sich durch Fleiss und redliche, geschickte Benützung der Verhältnisse ihr Vermögen erwarben, ist der wahre Vertreter des Grosscapitals, der Manchesterwirthschaft....

Das sind alte, schwere Sünden, an denen die Völker noch jetzt bitter zu leiden haben.

Wer hinderte denn die »christlichen« Völker und Fürsten, den Juden schon vor 1000 Jahren die volle gesetzliche und factische Gleichberechtigung zu verleihen, auf die jene damals doch dasselbe unbestreitbare Recht hatten, wie ihre Nachkommen von heutzutage? Wäre dies der Fall gewesen, es hätte am Ende des 19. Jahrhunderts keine »Judenfrage« mehr gegeben; Herr v. Treitschke hätte ungestört seinem Amte als preussischer Staatshistoriograph nachgehen können und er hätte vielleicht der Mit- und Nachwelt noch grössere Zeugnisse seines historischen Genies hinterlassen; Herr Stöcker wäre ruhig Hofprediger geblieben, hätte in aller Musse mit seinen Kindern die Bibel lesen und ihnen die Satzungen der Religion erklären können; Herr Dühring hätte Zeit gehabt, an seiner geistigen Vervollkommnung zu arbeiten und hätte so vielleicht doch die ihm von der bösen, antisemitischen preussischen Regierung vorenthaltene Lehrkanzel erlangen können — bekanntlich ist der Umstand, dass Herrn Dühring ein fähigerer jüdischer Mitbewerber um die Lehrkanzel an einer preussischen Universität vorgezogen wurde, das einzige Motiv, das Herrn Dühring in die Arme des Antisemitismus führte.

Sophistisch ist natürlich das Argument, das Herr von Treitschke zur Begründung des historischen Judenhasses anführt. Er sagt (a. a. O. p. 11): »Wer auch nur die Elemente unserer Wissenschaft kennt, muss sofort einsehen: es ist rein undenkbar, dass ein zweitausendjähriger Kampf auf der einen Seite nur Grausamkeit, Herrschsucht, Habgier, auf der anderen nur duldende Unschuld aufweisen sollte. Die Frage lässt sich gar nicht abweisen: warum haben so viele edle, hochbegabte Nationen die gemeinen, ja — ich scheue das Wort nicht — die diabolischen Kräfte, die in den Tiefen ihrer Seele schlummerten, gerade an dem jüdischen Volke, und nur an ihm ausgelassen?« Pardon, Herr Professor! Nach Ihrer obigen Argumentation müssen Sie die Sclaverei, die sich doch ebenfalls aus dem Alterthum bis auf die Gegenwart in manchen Staaten Asiens erhalten hat, als berechtigt ansehen! Nicht minder den Mord. Denn Millionen von Mördern von Kain ab werden doch auch nicht ohne Grund »die diabolischen Kräfte, die in den Tiefen ihrer Seele schlummerten«, an ihren Mitbürgern ausgelassen haben. Gehen wir weiter: Haben die christlichen Staaten Tausend Jahre hindurch mit oder ohne Berechtigung die Völker von jedem Antheil an der Regierung ausgeschlossen? War die vielhundertjährige Leibeigenschaft gerechtfertigt oder nicht? Glaubt denn Herr v. Treitschke, dass die Privilegien, welche noch heute merkwürdigerweise gewissen Gesellschaftsschichten zu Theil werden, dadurch, dass dieses ungerechtfertigte Gebahren schon viele Jahrhunderte geübt wird, an Berechtigung gewinnt? Ein Unrecht wird nicht geringer, wenn es viele Jahrhunderte hindurch geübt wird; seine Grösse wächst nur dadurch.

Man sieht, wie weit man mit den Argumentationen des Herrn v. Treitschke kommt.

Geradezu lächerlich aber klingt es, wenn Herr v. Treitschke den Grossmüthigen spielt, indem er sagt (a. a. O. p. 4): »Von einer Zurücknahme oder auch nur einer Schmälerung der vollzogenen Emancipation kann unter Verständigen gar nicht die Rede sein; sie wäre ein offenbares Unrecht, ein

Abfall von den guten Traditionen unseres Staates und würde den nationalen Gegensatz, der uns peinigt, eher verschärfen als mildern.« Herr v. Treitschke spricht so, als ob die Juden die Emancipation als Gnadengeschenk erhalten hätten! Haben die seit vielen Jahrhunderten in Deutschland ansässigen Juden nicht dasselbe Recht, sich deutsche Staatsbürger zu nennen, wie Herr v. Treitschke? Mommsen, doch gewiss auch ein guter deutscher Mann, spricht es ganz unumwunden aus: »Die Juden sind Deutsche so gut wie Herr v. Treitschke und ich.« Spreche also Herr v. Treitschke nicht von Gnadengeschenken, die von dem Geber nach dessen Willen zurückgenommen werden könnten, wo man von Rechten sprechen sollte, die unverantwortlicher Weise so viele Jahrhunderte den dazu Berechtigten vorenthalten wurden!

Aber Herr v. Treitschke vergass bereits, was er soeben ausgesprochen hat. Denn während er kurz vorher behauptet, dass »von einer Schmälerung der Emancipation unter Verständigen nicht die Rede sein kann«, spricht er an einer anderen Stelle seines Opusculums (a. a. O., p. 31) die Drohung aus: »Schreitet das Judenthum weiter auf der neuerdings betretenen Bahn, dann können wir diesen jüdischen Staat im Staate noch erleben, und dann müsste sich unter den Christen unfehlbar der Ruf erheben: hinweg mit der Emancipation!« Herr v. Treitschke verzichtet also von selbst auf den Namen eines »Verständigen«, zeiht sich selbst des »offenbaren Unrechtes eines Abfalles von den guten Traditionen Deutschlands« und bezeichnet sein Vorgehen selbst als ein solches, »welches den nationalen Gegensatz eher verschärft als mildert«. Wir haben dieser Selbstkritik des gelehrten Herrn Professors nichts hinzuzufügen.

Wir könnten füglich unser Capitel über den Antisemitismus schliessen; denn wir verspüren keine grosse Lust, uns noch einmal* in extenso mit der Widerlegung der völlig aus der Luft gegriffenen, widersinnigen Schlagworte zu beschäftigen,

* Vgl. unsere früheren Schriften »Berlin, Wien und der Antisemitismus« und »Presse und Judenthum«.

welche von den Antisemiten boshaft erfunden, dienen als
probates Mittel dazu dienen, um auf die unzufriedenen Volksmassen Einfluss zu üben und durch diese im politischen Leben
eine wenn auch von den Besten der Nation verachtete Stellung
zu gewinnen.

Aber zu unserem nicht geringen Erstaunen und — sagen
wir es offen — nicht minder zu unserem lebhaftesten Bedauern mussten wir wahrnehmen, dass auch der genialste
Dichter der Gegenwart, Victor v. Scheffel, die Schlagworte,
welche ein Dühring und Stöcker, die doch nicht würdig sind,
Scheffel'n die Schuhriemen aufzulösen, erfunden haben, in
sich aufnahm und als sein Credo hinstellt. Schmerzerfüllt
müssen wir aus diesem Anlasse dem Antisemitismus zugestehen, dass er sein Gift bereits tief in die deutsche Volksseele gesenkt hat, wenn so markige Naturen, wie es doch
unzweifelhaft die eines Scheffel ist, von demselben erfüllt werden.

Doch hören wir zunächst Victor v. Scheffel selbst:

»Die Abneigung der germanischen Völker gegen die
Semiten beruht nicht auf der Verschiedenheit von Religion
und Dogma, sondern auf Verschiedenheit von Blut, Race,
Abstammung, Volkssitte und Volksgesinnung; sie lässt sich
weder schaffen noch in Abgang decretiren, sie wird auch bei
der freiesten religiösen und politischen Anschauung beider
Parteien fortbestehen, wie die der Amerikaner und Chinesen,
die auf dem freien Boden von Texas neben und miteinander
leben.«*

Die Ehrfurcht vor dem Namen Scheffel's und der Gedanke, dass die eben erwähnten Anschauungen auch in anderen vornehmen und einflussreichen Kreisen unseres deutschen Volkes getheilt werden könnten, drängen uns gebieterisch die Pflicht auf, in Kürze das Unwahre jener Vorstellungen nachzuweisen. — Unsere Polemik gilt nicht dem allverehrten Dichter, sondern den Männern, welche, mit einem
Flitterwissen ausgestattet, die von bedauerlichen Folgen be-

---

* Siehe Anhang.

gleitete »Racenfrage« gewaltsam aufgeworfen haben. Scheffel's Genius, der im reinen Aether der Poesie schwebt, hat offenbar nicht Lust und Musse gehabt, dem wilden Kampfe, der sein schönes deutsches Vaterland in den letzteren Jahren durchtobte, eingehendere Aufmerksamkeit zu widmen. Jedoch als Mann und Dichter, dessen Beruf es ist, dem Pulse der Gegenwart zu lauschen, neigte auch er sein Ohr hin — doch leider ward dieses von den Sirenentönen des Antisemitismus berückt.

Wir empfinden eine nicht geringe Genugthuung, wenn es uns gelänge, Victor v. Scheffel durch unsere nachfolgende Auseinandersetzung davon zu überzeugen, dass er falschen Propheten Glauben schenkte. Irren kann auch der grösste Genius und wir zweifeln nicht, dass in jenem Falle Scheffel hervortreten und seinen Irrthum bekennen werde, damit nicht das feige Gelichter der Antisemiten Gelegenheit habe, sich an die Autorität eines Victor v. Scheffel anzulehnen. Nach diesen Bemerkungen gehen wir zur Sache selbst über.

Schon bei einer früheren Gelegenheit* warfen wir die Frage auf: »Welches sind die eigentlichen Wurzeln des Judenhasses, oder — wie sich dieser, dem Fortschritte der Zeit entsprechend, mit einem modernen Schlagworte nennt — des Antisemitismus?«

Wir können auch heute keine andere Antwort auf diese Frage ertheilen, als damals. — Es sind: Blasser Neid und blindes Vorurtheil.

»Denn der Racenhass«, sagten wir schon an jenem Orte, »den man gewöhnlich mit zu den Ursachen des Antisemitismus zählt, existirt nicht; er ist nur ein Schlagwort, das die boshaften Führer des Antisemitismus erfunden haben, um ihrer gemeinen Niedertracht einen gelehrten Anstrich zu verleihen und dadurch die Augen der Volksmassen zu blenden: das geheimnissvolle Etwas, das beinahe jeden Nichtjuden instinctiv und mit elementarer Gewalt mit Antipathie gegen

* In unserer Schrift: »Presse und Judenthum«, p. 150 f.

seinen jüdischen Mitbürger erfüllt, ist ein wirrer Complex aus den Elementen des Neides und des Vorurtheils. Diesen beiden Elementen müssen wir den Boden entreissen, auf dem zur Schande der Menschheit, zur Schande unseres Jahrhunderts noch in unseren Tagen das Giftkraut des Antisemitismus so gedeihlich wuchert. — Der Neid, schon an sich eine der wildesten menschlichen Leidenschaften, empfängt, wenn er sich den Juden zuwendet, noch überdies eine gefährliche Nahrung durch das beim grossen Volke herrschende Gefühl, als ob die Juden in den Besitz der Rechte und Güter, deren sie sich gegenwärtig erfreuen, auf unrechtmässige Weise gelangt wären. Durch den Strom der Aufklärung, der während der grossen französischen Revolution innerhalb der Mauern von Paris seinen Anfang nahm, fortgerissen, nahten sich auch die meisten übrigen Völker Europas mit der Zauberruthe der Freiheit den Ghetto's unserer Vorfahren. Die eisernen Thore sprangen auf, und siehe da: Aus dem Paria von ehedem entpuppte sich allgemach ein gewaltiger Riese, der sich seinem ehemaligen Unterdrücker stolz an die Seite setzen durfte. Die Völker ahnten eben den grossen Geist nicht, der innerhalb der morschen Mauern der Ghetto's wohnte: Sie waren verblüfft. Doch da die Ueberraschung nur ein momentanes Phänomen ist, so wird dieselbe unzweifelhaft mit der Zeit allmählich schwinden. Dem Neide gegenüber, als einer in der bösen Natur des Menschen tief wurzelnden Leidenschaft, die nur durch den Einfluss einer moralischen Erziehung erfolgreich bezwungen werden kann, steht die Vernunft machtlos da. Krankheiten des Geistes jedoch, deren furchtbarsten eine eben das Vorurtheil ist, vermögen durch die Mittel der Vernunft geheilt zu werden; entsprechende Belehrung behebt die Unwissenheit. — Es legt uns Juden darum nicht nur unser heiliger weltgeschichtlicher Beruf, sondern auch unser eigener Vortheil die Pflicht auf, unsere nicht-jüdischen Mitbürger über das wahre Wesen des Judenthums und seine Lehren zu unterrichten, um sie so von den furchtbaren Vorurtheilen zu befreien, die sie gegen uns hegen.«

So sagen wir es denn frank und frei heraus: Die heutige Judenfrage ist eine rein sociale Frage und hat weder mit der Race noch mit der Religion etwas zu thun.

Letzteres geben auch die »Antisemiten« in ihrem antisemitischen Kauderwälsch mit grossem Applomb zu, wiewohl man nicht daran vergessen darf, dass der Vater, des heutigen Antisemitismus, der Judenhass im Mittelalter bis tief in unser Jahrhundert herab, religiöser Natur war.*

Friedrich Müller, o. ö. Professor der vergleichenden Sprachwissenschaft an der Wiener Universität und Vicepräsident der anthropologischen Gesellschaft zu Wien, anerkannt als der bedeutendste linguistische Ethnograph der Gegenwart, äusserte sich in einem Gespräche uns gegenüber: »Wenn die Antisemiten die Judenfrage als »Racenfrage« hinstellen, so ist das eine leere Phrase, ein purer Schwindel. Das Wort »Race« ist für sie nur das Feigenblatt, um ihre niedrigen Beweggründe zu verbergen. Die Judenfrage ist, damit stimme ich mit Ihnen vollkommen überein, eine rein sociale Frage« — und Friedrich Müller ist ein guter Katholik, von katholischen Eltern geboren und erzogen.

Dem Verdicte eines Friedrich Müller gegenüber verlieren begreiflich die hohlen Phrasen eines Dühring, Stöcker u. dgl. jedes Gewicht. Doch wie wir selbst keinem blinden Autoritätsglauben huldigen, so verlangen wir einen solchen auch nicht von Anderen. Wir wollen daher für unsere, wie der Leser sah, schon vor zwei Jahren ausgesprochene Behauptung den Wahrheitsbeweis antreten. Unsere Uebereinstimmung mit unserem grossen Lehrer Müller hat für uns an dieser Stelle nur den Werth, dass der Leser mit uns zu dem Bewusstsein gelange, dass wir uns mit unserer folgenden Argumentation auf dem festen und sicheren Boden der Wissenschaft und nicht auf dem schwankenden Grunde der Hypothese befinden.

* Vgl. die Vorrede zo unserer Uebersetzung der Darmesteter'schen Abhandlung, p. 4 f.

»Race« ist eine leere Phrase, ein purer Schwindel.« — Diese derben Worte des grossen Ethnographen Müller mögen sich die gelehrten und ungelehrten Herren Antisemiten hinter ihre Ohren schreiben.

Wer bei Menschen von »Race« spricht, erniedrigt das »Ebenbild Gottes« weit unter das Thier. Dieses scheut sich nicht, einen Racenwechsel einzugehen, und der Mensch sollte sich scheuen, seinen Bruder, weil er eine andere Gesichtsfarbe, eine andere Bildung der Lippen und Nase besitzt, als Bruder anzuerkennen?! Wir haben einer solchen Auffassung der »Menschenverbrüderung« nichts als unsere tiefste Verachtung entgegenzusetzen.

»Als physisches Individuum« — sagt Friedrich Müller in seinem ebenso gelehrten, wie geistvollen Vortrage: »Ueber die Verschiedenheit des Menschen als Racen- und Volksindividuum«* — »erscheint der Mensch dem Einflusse derselben Gesetze wie das Thier unterworfen. Gleichwie jeder thierischen, ist auch jeder menschlichen Varietät ein eigener Verbreitungsbezirk, innerhalb dessen sie gedeiht, angewiesen. Gleich dem Thiere, das gezähmt in mehrere Spielarten zerfällt, bietet der Mensch, ein sociales Wesen κατ' ἐξοχήν, eine grosse Menge verschiedener Typen dar. Obwohl nun gerade in dieser Beziehung allmähliche Uebergänge von dem einen Typus zum andern sich nachweisen lassen, so ist es doch möglich, mit Festhaltung des Allgemeinen und Absehen von dem Besonderen, gewisse Grundtypen innerhalb des Menschen festzustellen und dadurch eine Classification desselben zu erstreben. Man nennt diese Grundtypen mit einem herkömmlichen Ausdrucke: Racen..... Obwohl nun der Mensch ein einheitliches, sinnlich vernünftiges Wesen ist, so ist er doch in dieser Hinsicht das Object zweier Wissenschaften, nämlich der Anthropologie oder allgemeinen Menschenkunde und der Ethnographie oder speciellen Volkskunde. Während die erstere ihn in Racen zerlegt und classificirt, vertheilt

---

* Mittheilungen der anthropologischen Gesellschaft in Wien, I. Bd. (1871), p. 356 f.

und classificirt ihn die letztere nach Völkern. Obwohl nun Race und Volk auf ein und dasselbe Object sich beziehen, nämlich den Menschen, gehören sie doch zwei verschiedenen Wissenschaftssphären an. Race ist ein streng anthropologischer, Volk dagegen ein streng ethnographischer Begriff. Freilich werden nicht nur im gemeinen Leben, sondern auch in der Wissenschaft beide Begriffe mit einander auf eine fast leichtsinnige Weise verwechselt, und hört und liest man oft von einer lateinischen oder romanischen und germanischen Race. — In der Wirklichkeit aber existirt eine romanische oder germanische Race ebensowenig, als eine arabische oder hebräische; es existiren nur romanische und germanische Völker, das Volk der Hebräer und der Araber, welche alle als Abzweigungen der mittelländischen oder kaukasischen Race zu betrachten sind.«

»Wenn wir auch gegenwärtig keinen Menschen ausserhalb einer bestimmten, mit Sprache und Sitten versehenen Gesellschaft — eines Volkes — antreffen, da es im wilden Naturzustande lebende Menschen nirgends gibt, so müssen wir dennoch annehmen, dass es einmal eine Zeit gegeben hat, in welcher zwar Racen, aber keine Völker existirten. Es gab also damals noch kein Volksthum, mithin auch noch nicht die dasselbe begründenden Factoren — Sprache und Sitten. Dem Menschen als Mitglied einer bestimmten Race kommt also keine Sprache zu — der Mensch war damals, als es nur Racen und keine Völker gab, ein sprachloses, der geistigen, auf der Sprachthätigkeit beruhenden Entwicklung noch völlig ermangelndes Wesen. Zu dieser Annahme werden wir, abgesehen von den soeben entwickelten naturhistorischen Voraussetzungen, durch die Betrachtung der Sprachen selbst gedrängt. Die verschiedenen Sprachstämme nämlich, auf welche die Wissenschaft die Sprachen zurückzuführen im Stande ist, setzen nicht nur bei den verschiedenen Racen vermöge ihrer totalen Verschiedenheit in Form und

Stoff mehrere von einander unabhängige Ursprünge voraus, sondern sie weisen selbst innerhalb einer und derselben Race auf mehrere von einander unabhängige Ursprungspunkte hin. — So sind, um ein nahe gelegenes Beispiel zu wählen, sämmtliche Anthropologen darin einig, dass die indogermanischen, semitisch-hamitischen, kaukasischen und baskischen Völker einer und derselben Race, der sogenannten mittelländischen, angehören.«*

Und zu den indogermanischen Völkern gehören bekanntlich nebst den Persern, Indern, Griechen, Romanen, Slaven, Kelten und (wahrscheinlich) den alten Illyriern, den jetzigen Albanesen in der Balkanhalbinsel, den alten Etruskern in Italien auch die — Germanen.

Die Juden haben somit, wie aus den vorausgegangenen Auseinandersetzungen Jedem, der hören will, deutlich geworden sein dürfte, die Ehre, derselben edlen »Race« anzugehören, der die Deutschen, Franzosen, Engländer, Spanier und Italiener etc. angehören.

Aber wir gehen noch weiter und behaupten, dass die Juden kein rein semitisches, sondern ein mit indogermanischen und anderen Elementen stark versetztes Volk sind. Auch dafür wollen wir, an der Hand von Renan,** den Wahrheitsbeweis antreten.

Wir sahen bereits an einer früheren Stelle dieser Schrift,*** wie wenig die Führer und Edelsten der jüdischen Nation Scheu trugen, sich mit Töchtern aus fremden Stämmen zu verbinden. — Die Nachkommen Josef's, der die Tochter eines egyptischen Oberpriesters heiratete, waren nicht rein semitischer, sondern semitisch-hamitischer Herkunft. — Und wie es die Führer thaten, so that es auch das grosse Volk. Denn

---

* Vgl. Oscar Peschel: Völkerkunde (Leipzig 1875, Verlag von Duncker und Humblot), p. 14 Anm. und p. 307 f.
** Le Judaisme comme race et comme religion. Paris 1883.
*** S. p. 40.

nur auf Grund zahlreicher Präcedenzfälle erfolgte die Ermahnung der Thora* an die Kinder Israel, sich mit den in Unzucht und allen übrigen rohen Lastern lebenden heidnischen Völkern nicht zu verschwägern. — Doch die Urgeschichte des hebräischen Volkes ist für uns in ein tiefes Dunkel gehüllt. Bestimmte Daten liefert uns erst die Geschichte des jüdischen Volkes seit dem babylonischen Exil.

Es ist mehr als wahrscheinlich, dass die Juden in der babylonischen Gefangenschaft Ehen mit dem Volke von Babel und Assur eingegangen war; denn als ein Theil der Juden nach Palästina heimkehrte, erliessen Esra und Nehemias das bekannte Gebot gegen die Mischehen der Juden mit den Nachbarvölkern. Seine eigentliche Ausdehnung gewann jedoch der jüdische Proselytismus erst in der **griechischen** und **römischen** Epoche. Von nun an öffnet das Judenthum die Schranken, in die es sich bisher eingeschlossen hatte, und nimmt eine Menge neuer Elemente in sich auf.**

Josephus Flavius*** berichtet uns die wichtige Thatsache, dass in der Hauptstadt Egyptens, Alexandria, eine grosse Anzahl (τὸ πολὺ πλῆθος) Hellenen das Judenthum annahm und mit den Angehörigen des jüdischen Volkes sich verschwägerte. Die jüdische Synagoge zu Alexandria recrutirte ihre Anhänger zumeist aus der Mitte der egyptisch-hellenischen Bevölkerung. Denn in dieser grossen Weltstadt, dem Mittelpunkte damaliger Kunst und Wissenschaft, gelangte der kosmopolitische Geist ihres Gründers, des freisinnigen Alexander, der mit seinen gewaltigen Ideen die ganze Welt umspannte, zum Durchbruch. — Die griechische Religion genügte schon damals den aufgeklärten hellenischen Köpfen in Alexandria nicht mehr; sie sehnten sich schon zu jener Zeit nach einer festeren Kost für ihr Herz und ihren Geist. Die in der griechischen Wissenschaft und Philosophie gebildeten Juden in Alexandria aber erfassten die grosse Mission des

* Vgl. oben.
** Renan, a. a. O, p. 12 f.
*** Bellum Judaicum, VII, 3, 3.

Judenthums in der Weltgeschichte: Den reinen Monotheismus an Stelle des Heidenthums und des finsteren Aberglaubens unter die Völker zu verbreiten. Diesem propagandistischen Streben sind Schriften, wie die Gedichte des sogenannten Pseudophocylides* zu danken, die in 230 Hexametern den Heiden in griechischem Gewande die Moral des Judenthums vorführten.

Wie in Alexandria, so fasste die jüdische Propaganda auch in Syrien Fuss. Wir haben dafür urkundliche Denkmale für Palmyra,** Hurha und andere Gebiete jener Länder. — Wer kennt ferner nicht das historische Factum, dass Helena, die Königin von Adiabene, mit ihrer ganzen Familie das Judenthum annahm und in die jüdische Nation eintrat? Und mehr als für wahrscheinlich darf es gelten, dass ein grosser Theil der Bevölkerung von Adiabene dem Beispiele der königlichen Dynastie gefolgt war. — Besonders begünstigt aber wurde die jüdische Propaganda durch die jüdischen Dynastien der Hasmonäer und des Herodes.

Die ersteren waren ein vorzüglich eroberndes Fürstengeschlecht. Durch die Gewalt ihrer Waffen gewann das jüdische Reich beinahe denjenigen Umfang, den es zur Zeit seiner Blüthe hatte. — Johannes Hyrkan (135—106 v. Chr.) und Alexander Jannaeus (105—70) zwangen die von ihnen besiegten heidnischen Völker, die Beschneidung anzunehmen.

Das königliche Geschlecht des Herodes, selbst nicht von rein jüdischem Ursprunge, verschwägerte sich mit den asiatischen Fürstengeschlechtern von Emesa, Cilicien und Comagene, welche die Religion des Judenthums annahmen.

---

* Herausgegeben u. A. von Th. Bergk in seinen Poetae lyrici graeci.
** Die berühmten, von Barthélemy entzifferten Inschriften von Palmyra, d. i. dem alten, von König Salomo als Karawanenstation angelegten Tadmor, tragen, wie Renan a. a. O. sehr richtig bemerkt, einen sehr prononcirten jüdischen Charakter an sich. Vgl. St. Martin: Histoire de Palmyre 1823; Ritter: Erdkunde, Th. 14 (Berlin 1851); Sefff: Reisen in der asiatischen Türkei (Leipzig 1875.)

Bemerkenswerth in dieser Hinsicht ist eine Stelle des oben citirten jüdischen Geschichtsschreibers Josephus Flavius in seiner berühmten Schrift gegen den alexandrinischen Erzjudenfeind Apion.*

Sie lautet in deutscher Uebersetzung: »Daher das Verlangen der grossen Volksmassen, unsere Religion anzunehmen, so zwar, dass es keine griechische oder barbarische Stadt, keine Nation gab, wo man nicht den Sabbath hielt, die jüdischen Fasttage und Speisegesetze beobachtete. Sie suchen auch unsere Einigkeit, unsere Barmherzigkeit, unsere Liebe zur Arbeit, unseren Muth in der Erduldung aller Mühsale des Lebens für die Heiligkeit unserer Religion nachzuahmen.«

Setzen wir neben die Worte des jüdischen Geschichtsschreibers diejenigen eines heidnisch-römischen Staatsmannes und Senators. Dio Cassius sagt: **»Dieses Land heisst Judäa und die Einwohner heissen Juden. Ich kenne nicht den Ursprung des zweiten Namens; aber er wird auch von Anderen gebraucht, welche die Einrichtungen dieses Volkes angenommen haben, wenn sie auch einem andern Stamme angehören. — Es gibt unter den Römern Viele von dieser Art, und je mehr man sie unterdrücken will, desto zahlreicher werden sie, so dass der Staat genöthigt war, ihnen die Freiheit zu lassen, nach ihren eigenen Satzungen zu leben.« Wenn es auch wahr ist, dass nicht wenige dieser Juden-Heiden nur die Religion des Judenthums annahmen, ohne durch das Mittel der Beschneidung Mitglieder der jüdischen Nation zu werden, so war dies doch bei einer sehr grossen Anzahl der Bekehrten der Fall. Hören wir darüber den nicht besonders judenfreundlichen, römischen Satiriker Juvenal:

Einige, denen beschieden ein Sabbath-feiernder Vater,
Beten allein zu den Wolken und ehren im Himmel die
Gottheit,
Menschliches Fleisch auch halten sie gleich mit dem
Fleische des Schweines,

* Contra Apionem, II, 39.
** XXXVII. 17.

Welches der Vater vermied; **und früh schon folgt
die Beschneidung.**
Doch zu achten gewohnt, was Roma's Gesetze gebieten,
Lernen sie jüdisches Recht, sie bewahren und halten es
heilig.
Was in verborgener Roll' einst Moses dem Volke befohlen,
Keinem zu zeigen den Weg, der andere Götter verehret,
Und die Beschnittenen allein zum Quell, dem gesuchten,
zu führen.
Aber der Vater bewirkt's, der immer am siebenten Tage
Müssig verblieb und die Hand nicht rührte zum kleinsten
Geschäfte.*

Der Vater war also nur ein Religionsjude — wenn wir
so sagen dürfen —; der Sohn gehörte schon der jüdischen
Nation an.**

Als das Christenthum unter den heidnischen Völkern
Europas festen Fuss fasste, gewann auch die jüdische Synagoge
Diejenigen unter den Heiden, welche des reinen Monotheismus
fähig waren, für sich. Und unzweifelhaft ist es, dass die Juden
Frankreichs und Italiens von derart bekehrten gallischen
und italischen Heiden abstammen.***

Im Gefolge des grossen jüdischen Aufstandes unter
Bar-Kozba tritt im Judenthum eine gewaltige Reaction ein. —
Treffend bemerkt Renan (a. a. O.): »So ist es fast immer
in der Geschichte. Wenn ein grosser und weiter Strom von
erhabenen Ideen in die Welt sich ergiesst, so sind Diejenigen,
welche ihn zuerst in Bewegung brachten, gewöhnlich auch
seine ersten Opfer. Sie bereuen fast Dasjenige, was sie gethan
haben, und je freisinniger sie früher waren, desto reactionärer
werden sie dann. — Der Talmud bedeutet die Reaction. Von

---

* Lib. V, sat. 14, v. 95 f. Wir gaben obige Verse in der Uebersetzung von Sielboldt (Die Satiren des Juvenal, Leipzig 1858) wieder.
** Vgl. Tacit. Hist. V. 6 Circumcidere genitalia instituerunt, ut di-
versitate noscantur. Transgressi in morem eorum idem usurpant.
*** S. Renan a. a. O. p. 20.

diesem Momente an verschwindet der Proselytismus: die Proselyten werden fortan als die »Geissel«, als der »Aussatz in Israel« betrachtet.«

Aber selbst da hörte die jüdische Propaganda noch nicht gänzlich auf. Wir erinnern an die an einer früheren Stelle dieser Schrift* citirten Worte des Bischofs Johannes Chrysostomus, der den Christen von Antiochia noch im vierten Jahrhundert n. Chr. zurufen muss, dass sie das Passahfest nicht in der jüdischen Synagoge, sondern in der christlichen Kirche zu feiern hätten.

Zwei Jahrhunderte später zog der bekannte fränkische Geschichtsschreiber Gregor von Tours (540 (?)—594) gegen die Juden von Paris und Orleans heftig los.** Ganz richtig bemerkt Renan (a. a. O., p. 22), dass die Juden Frankreichs zur Zeit der Könige Guntram und Chilperich am häufigsten Gallier waren, welche die jüdische Religion bekannten. Und die Juden in Deutschland und England kamen bekanntlich von Frankreich her.

Wenden wir unseren Blick nach dem Orient.

Es ist eine unläugbare Thatsache, dass das Judenthum vor Mohamed in Arabien und Abessynien festen Fuss gefasst hatte. »Es hing nur an einem Faden, dass ganz Arabien jüdisch geworden wäre. Mohamed war in einer bestimmten Epoche seines Lebens Jude, und man kann sagen, dass er es bis zu einem gewissen Punkte stets geblieben ist. Die Falaschas,*** d. i. die jüdischen Abessynier, sind Afrikaner, die eine afrikanische Sprache sprechen und die Bibel, in einem afrikanischen Idiome übersetzt, lesen.« (Renan, a. a. O., p. 23.)

* p. 45.
** Vgl. dessen Historia Francorum, herausgegeben im II. Bande von Boucquet's »Recueil des historiens des Gaules et de la France« (Paris 1738—1808), und die vortreffliche deutsche Uebersetzung von Giesebrecht (Berlin 1849—1851, 2 Bde.).
*** Vgl. Dr. Ludwig Stein: Die Falaschas. Berlin 1880. M. Driesner.

Viel näher liegt uns und von der grössten Bedeutung ist die Bekehrung des südrussischen Königreiches der Chazaren zur Zeit Karl's d. Gr., über welches wichtige historische Factum wir so glücklich sind, genauere Details zu besitzen. Das Volk der Chazaren war ein altes Volk vom uralisch-finnischen Stamme und wohnte in den Ländern um das Schwarze und Asowische Meer.* Die grossen Massen der jüdischen Bevölkerung Russlands und Rumäniens — es wäre auch sonst kaum denkbar, woher die 3½ Millionen russischer und rumänischer Juden eingewandert sein sollten — sind daher aller Wahrscheinlichkeit nach nicht jüdischen Ursprungs, sondern stammen von dem ural-finnischen Stamme der Chazaren ab....

Es rollt somit, wie aus der vorhergegangenen Darstellung klar geworden sein wird, in den Adern der heutigen Juden nebst semitischem ein nicht unbeträchtlicher Theil nicht-semitischen, nämlich arischen und hamitischen Blutes.**

Was aber den sogenannten »jüdischen Typus« betrifft, so ist derselbe, wie Renan (a. a. O. p. 25) sehr richtig bemerkt, lediglich das Erzeugniss des vielhundertjährigen, abgeschlossenen Zusammenlebens im Ghetto, das in dieser Zeit eine Vermischung mit den übrigen Nationen schlechtweg unmöglich machte. Greife man, meint Renan scharfsinnig, die ersten besten paar Tausend Leute aus der in den Strassen einer Grossstadt bunt durcheinander eilenden Bevölkerung heraus und versetze sie auf eine einsame Insel. Nach einer bestimmten Zeit wird unter den vielen Typen ein vorherrschender zur Entwicklung gelangen.

Doch wir brauchen uns nicht in das Gebiet der Hypothese verlieren. — »Selbst in unseren heutigen Gesellschaften, wo durch Kastenvorschriften Heiraten in dem nämlichen Stande vorgeschrieben werden, tritt bisweilen kenntlich ein aristokra-

---

* Vgl. Frähn, Excerpta de Chasaris, Petersburg 1821; Ibn Foszlan, ibid. 1823.

** Vgl. Dr. Adolf Jellinek: »Der jüdische Stamm.« Wien 1869.

tischer Typus hervor, und bei den Habsburgern wie bei den Bourbonen sind in vergleichsweise kurzer Zeit physiognomische Besonderheiten innerhalb zweier Familien erblich geworden.«[*] Und wem wird es ernstlich beifallen, von einer aristokratischen »Race« zu sprechen, obwohl doch der Adel, der in unberechtigtem Eigendünkel noch am Ende des 19. Jahrhunderts, hundert Jahre nach der französischen Revolution, mit eigener Hand die Scheidemauer zwischen sich und den übrigen Mitbürgern aufrichtet, einen solchen vorwurfsvollen Namen weit eher verdiente, als die Juden, denen die Nationen, bethört durch Pfaffenlügen, die Thore, welche zu ihnen führten, grausam verschlossen!

Dass ferner die Aehnlichkeit in Sitten und Gewohnheiten, welche die Juden gewisser Länder miteinander gemeinsam haben, nicht auf Rechnung der Race zu setzen sei, ist klar.

»Es gibt«, sagt Renan (a. a. O., p. 20), »eine Psychologie der religiösen Minoritäten, und diese Psychologie ist unabhängig von der Race. — Die Stellung der Protestanten in einem Lande, wo, wie in Frankreich, der Protestantismus sich in der Minorität befindet, hat eine grosse Analogie mit der Stellung der Juden, da auch die Protestanten während einer sehr langen Zeit verpflichtet waren, unter einander zu leben und ihnen die Ausübung einer Menge von Geschäften, wie den Juden verboten war. So wird eine Aehnlichkeit in Sitten und Gewohnheiten erzeugt, welche nicht mit der Race zusammenhängen, sondern das Resultat analoger Verhältnisse sind. Die Gewohnheiten, welche sich bei einem abgeschlossenen, gedrückten Leben entwickeln, sind überall dieselben und sind völlig unabhängig von der Race.«

Die Physiognomie der Juden und deren eigenthümlichen Lebensgewohnheiten sind somit viel mehr das Resultat der gesellschaftlichen Verhältnisse, die auf ihnen Jahrhunderte gelastet hatten, als das Merkmal einer besonderen Race.

[*] Oskar Peschel, Völkerkunde, p. 13.

»Freuen wir uns, meine Herren«, schliesst Ernest Renan seinen geistvollen Vortrag, »dass diese Fragen, so interessant sie auch vom historischen und ethnographischen Standpunkte sein mögen, in Frankreich keine praktische Bedeutung haben. Wir haben in der That die politische Schwierigkeit, die sich daran knüpft, auf eine treffliche Weise gelöst. Wenn es sich um die Nationalität handelt, so machen wir die Racenfrage zu einer Frage zweiter Ordnung, und wir thun Recht daran. Das ethnographische Factum, welches den Ursprüngen der Geschichte angehört, verliert täglich von seiner Bedeutung in dem Maasse, als man in der Civilisation vorwärts schreitet. Als die Nationalversammlung im Jahre 1791 die Emancipation der Juden beschloss, da beschäftigte sie sich sehr wenig mit der Racenfrage. Sie war der Ansicht, dass die Menschen nicht nach dem Blute, das in ihren Adern rollt, sondern nach ihrem moralischen und geistigen Werthe beurtheilt werden sollten. Das ist der grosse Ruhm Frankreichs, dass es diese Fragen von der humanen Seite auffasste. Die Aufgabe des 19. Jahrhunderts ist, alle Ghettos einzureissen, und ich kann deshalb keineswegs Denen meine Achtung zollen, welche sie wieder zu errichten bestrebt sind. Das jüdische Volk hat der Welt die grössten Dienste geleistet. Sich den verschiedenen Nationen anpassend und in harmonischem Einverständnisse mit denselben, wird es in der Zukunft das Werk fortsetzen, das es in der Vergangenheit begonnen. Durch seine Mitarbeiterschaft mit allen liberalen Kräften Europas, wird es mächtig zu dem socialen Fortschritte der Menschheit beitragen.«

Wann wird endlich eine solche Auffassung auch in Mitteleuropa zum allgemeinen Durchbruche gelangen?

Schämt sich das deutsche Volk im Deutschen Reiche, das Urvolk des modernen Antisemitismus, nicht, Humanität erst von seinem besiegten Feinde lernen zu müssen?

Wir sind gewiss die Ersten, welche dem deutschen Volke, als dem hervorragendsten Culturvolke der Gegenwart, die vollste Anerkennung zollen. Aber das mögen Deutschland und dessen Lenker wohl beherzigen: Die superiore Stellung, welche es gegenwärtig im Concerte der europäischen Staaten einnimmt, ist vor Allem auf den Spitzen der Millionen Bajonnete aufgebaut, über welche Deutschlands Arsenale verfügen. Die rohe Gewalt jedoch weicht mit jedem Tage der unbezwingbaren Macht der Cultur und Humanität. — Wenn das deutsche Volk nicht bald Herr wird der allgemeinen Verrohung der Geister und Gemüther, die sich unter der Hülle des Antisemitismus verbirgt, so wird der Culturhistoriker nicht das deutsche, sondern das von diesem durch Waffengewalt und Ueberlegenheit seiner Führer besiegte französische Volk als die erste Culturnation des 19. Jahrhunderts betrachten.

Auf dem Königsplatze zu Berlin steht hoch oben auf der gewaltigen Siegessäule, den Blick nach Frankreich gewendet, Victoria, die Göttin des Sieges, der durch die eisernen Waffen errungen wird. Frankreich kann ohne Ueberhebung auf dem herrlichsten Platze von Paris eine noch imposantere Siegessäule errichten und auf deren Spitze die Göttin Humanitas heben, die den warnenden Finger hoch erhoben, über den Rhein blickte und den deutschen Siegern zuriefe: »In meo signo vincent homines«. Denn nicht das Schwert, sondern die erlösende Idee ist die Devise der Zukunft.

Hinweg also mit der frechen Lüge! Missbrauche man nicht die Sprache, das edelste Werkzeug des Menschen, das diesen vorzüglich von dem Thiere unterscheidet, in so schändlicher Weise. — Ueberlasse man die Anwendung und die Unterscheidung der ethnographischen und anthropologischen Begriffe den Wissenschaften der Ethnographie und der Anthropologie und zerre sie nicht in das Gewirre des socialen Kampfes der Gegenwart. — Die Wissenschaft und nicht Herr Dühring oder Herr Stöcker haben darüber zu entscheiden, ob und inwieweit die Juden der Gegenwart eine Race seien oder nicht. Und wir sahen ja eben, in welchem Sinne die berufensten Vertreter der ethnographischen Wissenschaft ihre Entscheidung fällten.

Mögen die Antisemiten nicht mit dem Feuer spielen! Denn sonst könnte Jemand auftreten und z. B. Herrn v. Treitschke und Herrn Stöcker um den Geburtsschein ihrer Urahnen befragen — und dann könnten die Herren leicht in Verlegenheit gerathen. Denn weiss Herr v. Treitschke so bestimmt, dass sein Urahn ein echter Germane war? Der gelehrte Herr Professor hat schwarze Haare und — wenn wir nicht irren — auch schwarze Augen; wenden wir die Racentheorie stricte auf den »Professor des Antisemitismus« an, so ergibt sich mit sehr grosser Wahrscheinlichkeit, dass die Heimat des Urahns des Herrn v. Treitschke »die polnische Wiege jener strebsamen hosenverkaufenden Jünglinge«* war, die dem Herrn Professor ein solcher Dorn im Auge sind. Herr v. Treitschke hätte dann gegen seine eigenen leiblichen Brüder angekämpft — und wäre das »christlich« gehandelt? Fasst Herr v. Treitschke das »praktische Christenthum« seines hohen Gönners Bismarck in dieser Weise auf? — Ferner aber: Spreche man doch den Namen »Treitschke« mehrere Male nach einander laut vor sich hin und der polnisch-jüdische Ursprung desselben dürfte fast ebensowenig bezweifelt werden, als der von Namen wie Rabbinowicz und Jeitteles. — Darum seien Sie vorsichtig, Herr Professor, mit Ihren Behauptungen und Ihren Schlussfolgerungen!

Es klingt fast wie eine Ironie auf die ethnographische Wissenschaft, dass gerade das Königreich Preussen der Herd des Antisemitismus und damit zugleich der Boden ist, auf dem das Germanenthum mit solch' besonderem Nachdrucke betont wird. Als ob Preussen seinem Ursprunge nach ein so echt germanisches Land wäre? Erinnert doch schon der Name »Borussia« an das grosse slavische Volk im Osten Europas.

Doch lassen wir wieder unseren grossen Gewährsmann Friedrich Müller sprechen:** »... Unter allen deutschen Stämmen haben sich in der Neuzeit die mit slavischem Blute am meisten versetzten als die ungleich zähesten und kraftvollsten erwiesen. Eben vor Kurzem sahen wir die Stämme

---

* Ein Wort über unser Judenthum, p. 2.
** Mittheil. der anthropolog. Gesellschaft in Wien. I, p. 367.

Deutschlands unter der Anführung eines slavisch-germanischen Mischstammes, gleichwie im Alterthume die Griechen unter macedonischer Führung, sich einigen und noch nie gesehene kriegerische Erfolge erringen. Jene Organisirung, durch welche dieser Mischstamm gross geworden ist, jene so viel gerühmte Disciplin ist nicht ein germanisches, sondern ein slavisches Erbgut. Gerade jener Mangel an Disciplin, welchen unsere norddeutschen Brüder uns Süddeutschen immer vorzuwerfen pflegen, er ist, wie unsere Geschichte zeigt, leider ein aus der mächtigen Individualität hervorgegangener, echt germanischer Grundzug.« — Und Friedrich Müller ist ein guter Deutscher, von deutschen Eltern geboren und erzogen, wie sich Jeder leicht aus dem Artikel über unseren Gelehrten in dem Conversations-Lexikon von Meyer überzeugen kann.

Sei man also vorsichtig mit der Aufstellung von Thesen, die man vor dem Richterstuhle der Wissenschaft nicht verantworten kann. Die Juden und deren Vertheidiger holen nämlich aus dieser, und nicht wie deren Gegner aus dem Arsenale der Lüge und der Heuchelei, ihre Waffen. Und die Lüge — sie kann zwar das Auge für einen Augenblick blenden, die Wahrheit aber dringt tief ins Herz ein, und wo sie einmal Wurzeln gefasst, hält es schwer an, sie auszumerzen.

Jeder Jude mit blondem Haare und blauen Augen könnte mit demselben, wenn nicht mit grösserem Rechte als die schwarzhaarigen und schwarzäugigen deutschen Antisemiten den Anspruch darauf erheben, in gerader Linie von Hermann dem Cheruskerfürsten abzustammen.[*]

Wie viele, jetzt verachtete russische und rumänische Juden könnten, wenn ihre Vorfahren ihre Stammbäume so gut wie die Ahnen des gegenwärtigen Adels aufbewahrt hätten

---

[*] Vgl. Oskar Peschel, Völkerkunde, p. 15: »...In der Heimat geht es nicht besser. Sehen wir ein Kind mit zarter Haut und Rosenschimmer, hellblonden Flechten und blauen, verschämten Augen, so freuen wir uns über eine solche deutsche Jungfrau, ohne zu bedenken, dass wir neben ihr tausend andere damit für unecht, das heisst für racelos erklären.«

— und, spreche man es doch einmal rundweg heraus, auf dieser Vorsicht, man kann wohl sagen, Eitelkeit beruht vorzüglich der historische Adel aller Länder mit all' seinen unbefugten Rechten und Privilegien — ihren Stammbaum direct auf Chakam, den König der Chazaren, zur Zeit Karl's des Grossen, zurückführen. In dem Blute so mancher Juden des Orients rollen Blutkügelchen aus dem Blute der Königin Helena von Adiabene. Und selbst diese verachteten »polnischen Juden« sind mit grosser Wahrscheinlichkeit die Nachkommen polnischer Magnaten und Magnatinnen, die vor so und so viel hundert Jahren, unbefriedigt von dem Inhalte des Christenthums, zum Judenthum übergingen!

Darum noch einmal: Ueberlasse man den »Racenstreit« ganz und gar der Wissenschaft.

Der berühmte Wiener Professor Carl Rokitansky sprach im Jahre 1870 in seiner in der constituirenden Versammlung der anthropologischen Gesellschaft in Wien gehaltenen Eröffnungsrede* die folgenden, schönen Worte: »Wenn, wie J. W. Jackson (The race question in Ireland, 1869) sagt, die Zeit der praktischen Anwendung der Anthropologie noch nicht gekommen ist, so liegt, wie aus dessen weiterer Ausführung hervorgeht, die Ursache hiervon nicht in ihr, sondern an Jenen, welche in der Lage wären, von anthropologischen Wahrheiten und Anschauungen Gebrauch zu machen. Ich hege diesfalls die Ansicht, dass der Verein durch Ausbreitung anthropologischen Wissens in allen Kreisen manche Praxis im bürgerlichen und politischen Verkehre anregen, manche berichtigen, ja gründlich umgestalten werde. Wer sollte auch, wenn nicht dieser Verein, den Beruf haben, der Anwalt der Natur gegen religiöse und philosophische, gegen politische und sociale Grillen und ihre Zumuthungen zu sein — wer als dieser Verein, sollte allen Anderen voran sein überall, wo es gilt, für Natur, für Wahres, Ungekünsteltes, Einfaches und Klares in die Schranken zu treten?

* Mittheil. der anthrop. Gesellschaft. I., p. 7 f.

Und es dürfte nicht an Veranlassung, an Herausforderung fehlen. Und wie er es an und für sich ist, so muss sich unser anthropologischer Verein namentlich in dieser Richtung als philanthropischer bewähren.« — Hat Rokitansky den gegenwärtigen Zeitpunkt schon damals vorausgeahnt? Genug; wir halten uns an die Worte des grossen Mannes, der wohl im Sinne aller Anthropologen gesprochen hat. Der Moment ist gekommen, wo sich die Anthropologie als Philanthropie und die anthropologischen Vereine sich als philanthropische zu erweisen Gelegenheit hätten. Wir richten nämlich, wenn auch nicht im Namen, so doch im Sinne aller Juden, die Bitte an die verschiedenen ethnographischen und ethnologischen Vereine des Erdenrunds, oder — wenn ein solcher Schritt mit den Statuten derselben unvereinbar wäre — doch an die hervorragendsten Vertreter jener Wissenschaft im Interesse des Fortschritts und der Volksaufklärung, die Bitte, dass sie mit einem Gutachten über die »Racenfrage des Judenthums« hervortreten mögen.

Schon einmal, vor nicht langer Zeit, als der durch pfäffische Lügen im Volke aufrechterhaltene Wahnwitz von der Abschlachtung christlicher Kinder zum Gebrauche des Passahopfers in unserem Nachbarlande Ungarn seine hässlichen Orgien feierte, wandten sich einzelne Männer aus der Mitte des Judenthums an die christlich-theologischen Facultäten und die hervorragendsten Fachgelehrten Deutschlands und der anderen Länder, mit dem Ersuchen, ihr Gutachten über jene »Frage« abzugeben. Und, wie nicht anders zu erwarten war, erfüllten die Vertreter der Wissenschaft ihre Pflicht; sie wiesen die lasterhafte und zugleich thörichte Beschuldigung mit der ganzen Kraft der Empörung zurück, welche Männer ergreifen muss, die ihr Leben dem Erforschen der Wahrheit gewidmet haben.* Hoffen wir, dass auch unser Ruf den entsprechenden Widerhall in den Versammlungssälen der Anthropologen- und Ethnographen-Vereine finden werde!

---

* Vgl. Josef R. v. Wertheimer: »Jüdische Lehre und jüdisches Leben«, 2. Aufl. 1883, p. 13 f.

Nicht nur die Juden, sondern Alle, die nach der Wahrheit streben, müssen erröthen, wenn trotz der Culturarbeit so vieler Jahrtausende das Menschengeschlecht noch auf so tiefer Stufe steht, dass es eher der Lüge sein Ohr leiht als der Wahrheit. Die Volksverführer und alle Jene, die ein Interesse daran haben, dass das Volk in den Fesseln der Verrohung und der geistigen Finsterniss gefangen liege, begnügen sich nicht damit, die Lügen auszusprechen. Das Volk erfasst keine Abstractionen: es muss Thaten, oder, wie Fürst Bismarck in seiner letzten Parlamentsrede in der Socialistendebatte dem politischen Führer der Katholiken Deutschlands in Anwendung auf ihn selbst zurief — es muss Blut sehen. Und weil eben gerade die Juden physisch in der Minorität sich befinden, so sind die Volksverführer so feige und ruchlos, die Leidenschaften des von ihnen verhetzten Volkes gegen die verhältnissmässig hilflose Minorität zu lenken. Den Schwachen anzugreifen, ist aber nicht nur unehrenhaft, sondern zeugt auch von der Feigheit der Angreifer. Dafür, dass durch fast 1800 Jahre in ganz Europa von den Regierungen und Völkern eine grenzenlose Misswirthschaft getrieben und das Aufkommen eines nunmehr gefahrdrohenden Proletariats begünstigt wurde, soll nun das an diesen Zuständen unschuldige Häuflein der Juden, das, während jenes langen Zeitraumes grausam unterdrückt, endlich aus den finsteren Ghettos und Kellern ans helle Tageslicht emporstieg, die Strafe büssen? Wir haben für eine solche Auffassung der Gerechtigkeit, wie sie von den Antisemiten und Denen, die sie durch die That oder, was in vielen Fällen noch gefährlicher ist, durch ihre Passivität unterstützen — denn hier gilt das Wort: Wer nicht für mich ist, ist gegen mich — nur den Ausdruck tiefster Verachtung.

Dem einstigen Leser der Geschichte des Antisemitismus wird sich unwillkürlich ein lautes »Pfui« entringen — und dieser Ruf des tiefsten Abscheues wird nicht nur den Führern des Antisemitismus, sondern auch dem Volke gelten, das am Ende des 19. Jahrhunderts so thöricht oder so verrucht war, Führern, wie Stöcker und Schönerer, Heeresfolge zu leisten...

Wir haben in dem ersten Theile unserer Schrift Zeugniss davon abgelegt, wie sehr wir das Christenthum, d. i. die Lehre Christi schätzen; ja, wir gingen so weit, unbekümmert um das dadurch vielleicht hervorgebrachte Herzleid unserer orthodoxen Glaubensgenossen, zu behaupten, dass wir liberalen Juden mit unseren religiösen Anschauungen auf demselben Standpunkte wie Jesus und dessen Apostel uns befinden. Es wäre darum thöricht und zugleich ungerecht, Jesum und dessen Apostel, die nur das Heil der Menschheit anstrebten, für die vielen Sünden, welche die sogenannten »christlichen« Völker und Fürsten in dem langen Zeitraume nach dem Tode jener Männer, welche die Welt von ihren Uebeln erlösen wollten, aber nicht erlösten — an dem Geiste der Humanität und Gerechtigkeit verübten, verantwortlich zu machen. Es wäre ein solches Vorgehen ebenso thöricht und ungerecht, als ob man Moses und das Judenthum für die gemeinen Wucher- und Betrügerseelen verantwortlich machen wollte, deren Leiber zufällig von jüdischen Eltern erzeugt wurden. — Aber die Kirche, und insbesondere die christ-katholische Kirche, welche ja die Geister im Mittelalter vollauf beherrschte und dieselben zum Theile noch gegenwärtig beherrscht, machen wir für den Judenhass und für alle die blutigen und grausamen Verfolgungen verantwortlich.

Wir wollen nicht so grausam sein und dem Leser die Geschichte der Judenverfolgungen im Mittelalter und in den ersten Jahrhunderten der Neuzeit vor Augen führen. Doch das steht historisch unzweifelhaft fest: »Der Hass des Volkes gegen die Juden war das Werk der Kirche.«[*] Sie, deren Stifter vor Allem die Menschenliebe gepredigt hatte, stand zumeist kalten Blutes da, wenn Tausende von Stammesbrüdern ihres Heilands von den rohen Pöbelmassen geplündert und gemordet wurden. Der Jude galt in den Augen der Pfaffen, die nicht aufhörten, dem bethörten Volke salbungsvoll von Menschen-

---

[*] Darmesteter, a. a. O., p. 30.

liebe zu predigen, weniger als das Vieh. Wusste die katholische Kirche, wenn sie schon der Humanität und der Vernunft kein Gehör leihen mochte, nichts von dem Gebote des alten Testaments, das da lautet: »Du sollst nicht ruhig bleiben, wenn das Blut deines Bruders vergossen wird?«

Es lag in der Macht der Kirche, den künstlich erzeugten Judenhass wieder zurückzustauen, doch sie that es nicht; und hinge es von dem Willen der Kirche ab, die Juden trügen noch jetzt den gelben Fleck und wohnten in den finsteren Ghettos. Welche Antwort könnte die Kirche ertheilen, wenn wir Juden der Gegenwart ihr zuriefen: »Wer gab dir das Recht, unsere Väter und unsere Mütter hinzumorden?«

Doch nicht wir, das ohnmächtige Häuflein der Juden, sondern eine weit höhere Macht sitzt heute über der katholischen Kirche zu Gericht: Es ist die grosse Weltenrichterin Geschichte.

Diese ruft ihr mit einem die ganze Erde durchbrausenden Tone zu: Wer mit Absicht das Blut eines unschuldigen Nebenmenschen vergiesst, der soll des Todes sein. Du hast nun durch beinahe 1800 Jahre ein ganzes, unschuldiges Volk gemartert; du hast dich erkühnt, im Namen der Lüge Hunderttausende dieses Volkes auf den Scheiterhaufen zu verbrennen; du hast die Menschheit, die deiner Obhut anvertraut wurde, nicht zur Religion, d. i. zur Liebe, sondern zum Hasse erzogen; du hast die Menschen nicht belehrt und ihnen die Wege der Wahrheit gewiesen, sondern führtest sie durch das Thal der Finsterniss. Ich gab dir fast zwei Jahrtausende Zeit zur Umkehr; du wolltest nicht. Das von dir in Strömen vergossene Blut des jüdischen Volkes schreit auf um Rache: das Gewimmer der unschuldigen Kinder, das Gestöhne der Greise und Frauen dringt zu meinem Richterstuhle empor. Sprich, wo sind sie? Du schweigst? So höre denn meinen Richterspruch: Verflucht seiest du von der Erde, deren Schlund du öffnetest, damit er die Leichen der gemordeten Juden aufnehme. — Deine Zeit ist um; du hast das Recht, zu leben und auf das Völkergetriebe der Gegenwart Einfluss zu üben, verwirkt. Senke dich, Krummstab, deine Uhr ist abgelaufen!«

Und in der That: Wie der Brudermörder Kain unstet und flüchtig auf der weiten Erde, ohne Heimat, umherirrte, so hat auch die katholische Kirche ihre Heimat in den Geistern der Menschen verloren. Der Flügelschlag einer neuen Zeit umweht die Geister, welche den Lehren der katholischen Kirche keine Einkehr mehr gestatten. Ihr verkörpertes Symbol, der Papst, fühlt sich, trotzdem er im Mittelpunkte der Hauptstadt des jungen Königreichs Italien lebt, vereinsamt. Er will Rom verlassen und auf einer einsamen Insel seinen künftigen Wohnsitz aufschlagen. Leo XIII., der die Welt aus eigener Anschauung kennt, fühlt es eben theils bewusst, theils instinctiv heraus, dass er und die Kirche, die er vertritt, der Gegenwart entfremdet sind. Nun denn, so ziehe er in Frieden nach Malta oder nach St. Helena! Doch gehe er nicht allein. Nehme er seine Getreuen, die Pfaffen aller Länder, mit in sein Exil. Erwerbe sich Leo XIII. den unsterblichen Ruhm, Europa die langersehnte Ruhe wiederzugeben! Denn Niemand mehr als die Pfaffen, Gross und Klein, stören den Frieden der Gesellschaft. Sie halten, so weit es in ihrer Macht liegt, den Strom des Fortschritts auf und üben auch sonst einen verderblichen Einfluss auf das Volk.

Erleben wir es denn nicht selber, dass tagtäglich Vertreter der katholischen Kirche in schnöder Weise die Freiheit der Wissenschaft anzugreifen sich erkühnen?

»Die Dynamitbomben der heutigen Socialisten haben Diejenigen gefüllt, welche im Namen der Wissenschaft auf den vom Schweisse des Volkes bezahlten Kathedern Doctrinen vorbringen, die, popularisirt und in verschiedenen Volksschriften verbreitet, eine wahre Bombe sind und Massenverheerungen anrichten« — so sprach vor nicht langer Zeit ein Vertreter der katholischen Kirche im österreichischen Parlamente! Und so denken sie beinahe Alle, vom Cardinal bis zum Caplan. — »Der Liberalismus ist die Loslösung von der göttlichen Autorität, die Erlösung des Menschen durch sich selbst. Die Culturarbeit der Menschen besteht in nichts Anderem, als Gott und seine Gesetze aus dem öffentlichen Leben zu verdrängen... Man achtet nicht moralische, sondern physiokratische Grundsätze und sagt: Gewalt geht vor Recht. Die Liberalen haben den Herrn des Himmels abgesetzt und ihn höchstens als Invaliden erklärt, der vor den Palästen der Reichen und vor den Schwindelcassen Wache leisten und mit dem entweihten Schilde seiner Gerechtigkeit vor den Reichthümern sehr zweifelhafter Provenienz Schildwache halten soll. Da kommt aber die Internationale und sagt ihnen: Ihr seid mit Gott fertig geworden, jetzt werden wir mit Euerem Nachtwächter fertig werden.« So lautet eine andere Stelle der herrlichen Kapuzinade, die wir der katholischen Kirche noch mehr als einmal vorzuhalten gedenken.

Spricht ein katholischer Priester so von Gott? Kein Atheist hat je noch so verächtlich von dem göttlichen Schöpfer gesprochen. Der geistliche Abgeordnete hat durch seine Worte die Gottheit gelästert. Herrendienst, d. i. der Dienst der Kirche, scheint eben auch dem Clerus vor Gottesdienst zu gehen.

Die Kirche scheut sich nicht, wie wir sahen, bei jeder Gelegenheit der Wissenschaft und dem Fortschritte den Fehdehandschuh hinzuwerfen; es ist Pflicht Jedermanns, so viel in seinen Kräften liegt, jene lutmischen und ungerechten Angriffe zurückzuweisen. So wollen denn auch wir die katholische Kirche auf das freie Feld der Vernunft und der Geschichte hinausführen und sie vor aller Welt um ihre Berechtigung zu einem solchen Gebaren befragen.

Woher nahm jener geistliche Redner, der im Namen der Kirche sprach, das Recht, das Vermögen der Juden — denn auf diese wies er deutlich hin, ohne den Muth zu besitzen, das Kind bei seinem wahren Namen zu nennen — »Reichthümer sehr zweifelhafter Provenienz« zu nennen? Wir fragen die Kirche: Woher stammen denn die »Güter der todten Hand«? Glaubt denn die Kirche, dass wir schon daran vergessen haben, auf welche Weise sie vor dem Jahre 1000 und nach demselben zu ihren unermesslichen Reichthümern gekommen sei? Haben sie sich die Jesuiten und Mönche durch Händearbeit errungen? Oder besteht nicht das Vermögen der Kirche zumeist aus den Millionen Pfennigen, welche sich das Volk im Schweisse seines Angesichts erwirbt und es dem heiligen Vater nach Rom sendet, durch die Pfaffen vom Wahne bethört, dass es damit ein wohlgefälliges Werk begehe?

Wenn römisch-katholische Cardinäle und Bischöfe, Domherren und Pfarrer ihre Millionen einheimsen und dabei ruhig mitansehen, wie das Volk vor ihren Augen darbt und elend zu Grunde geht, dann hat die Kirche nicht das Recht, durch einen ihrer Vertreter den Juden, die sich ihr Brod redlich, durch körperliche und geistige Anstrengung verdienen und dasselbe, den Vorschriften ihres Gesetzes getreu, mit den Armen und Dürftigen theilen, perfide Vorwürfe, »die Provenienz« ihrer Reichthümer betreffend, erheben zu lassen. — Während der Jesuite, vom Weine angeheitert, beim feisten Mahle sitzet und seinen Decamerone liest, müht der Jude sich ab, um das tägliche Brod für Weib und Kinder heimzubringen.

Man wirft den Juden so gerne mit Hohn den Namen eines »handelnden Volkes« an den Kopf; wir nehmen dieses Epitheton in Ehren auf. Jawohl, die Juden sind ein handelndes Volk; sie arbeiten vom frühen Morgen bis zum späten Abend Können sich denn die älteren hochwürdigen Domherren und Pfarrer nicht mehr daran erinnern, wie noch vor 30 Jahren die gebückten Gestalten der Juden in die Dörfer kamen, dort vom frühen Sonntag bis zum späten Donnerstag, nur kalte Speisen zu sich nehmend, ausgesetzt dem Spotte der Dorfjugend, ihren Geschäfte nachgingen, um ihre Familie redlich zu ernähren? Und so war es stets bei den Juden. Schon im kleinen Palästina, sagt ein neuerer Schriftsteller,[*] wurde die Arbeit seit den ältesten Zeiten als ein Vorzug des Menschen erkannt und gepriesen und war die alltäglichste Arbeit mit einer höheren, sittlichen Weihe umgeben worden. Nur die Arbeit,

---

[*] Bloch: Der Arbeiterstand bei den Palästinensern, Griechen und Römern (Wien 1882), p. 16 f.

sagte ein palästinensischer Jude, mit Namen R. Meïr, erhebt, als Aeusserung der Freiheit und Herrschaft über die Natur, den Menschen über das Thier.

»Heil dir«, ruft ein Psalm dem jüdischen Arbeiter zu, »dass du durch deiner Hände Werk Weib und Kind ernähren kannst.« In dem bösen, viel verschrieenen Talmud* heisst es u. A.: »Die Arbeit ist die schönste Frömmigkeit, die erhabenste Gottesfurcht.« Das Motto des Juden lautet nicht: »Bete und arbeite«, sondern: »Arbeiten ist beten«. Die hebräische Sprache gebraucht dasselbe Wort für »beten« und »arbeiten«.

Und einem Volke nun, das in Bezug auf die Arbeit solche Traditionen besitzt und an denselben durch die Jahrhunderte seines Martyriums unverrückt festgehalten hat, wagt es ein Priester derjenigen Kirche, welche Mönchs- und Nonnenklöster duldet, in denen der Müssiggang mit der Weihe der Religion umgeben wird, von »Reichthümern zweifelhafter Provenienz« zu sprechen! Wovon anders leben die nach vielen Tausenden zählenden Mönche und Nonnen, die den ganzen Tag und die halbe Nacht beten und wiederum beten, als von dem Almosen der frommen Leute? — Selbst der ärmste Hausirjude würde sich schämen, sich von Anderen füttern zu lassen; er erwirbt sich lieber selbst im Schweisse seines Angesichtes die Paar Pfennige, um sein Leben zu fristen; er will nicht von der Gnade der Leute leben. — Also schweige man, wenn man selbst nicht ein reines Herz und reine Hände hat!

Aber gehen wir einen Schritt weiter und fragen wir: Woher nimmt überhaupt die Kirche das Recht, ihre Vertreter in die Parlamente zu entsenden, damit sie in ihrem Namen in das Getriebe der Völker eingreifen?

»Da die Religion«, sagt Bluntschli, einer der grössten Staatsrechtslehrer der Gegenwart,** »Verbindung der menschlichen Seele mit Gott, der Staat dagegen wesentlich Verbindung der Menschen zu gemeinsamen menschlichen Lebens-

---
* Talmud Berachot 8 a.

** In seinem Meisterwerke: Politik als Wissenschaft, Stuttgart 1876 (J. G. Cotta), p. 213 f.; ein Werk, das in der Handbibliothek keines

zwecken ist, so folgt daraus, dass die Religion unabhängig sein soll von politischen Rücksichten und dass die Politik unabhängig sein soll von religiösen Autoritäten. Die Mischung von Religion und Politik hat sich für beide verderblich erwiesen. Die Religion wird von ihrem eigentlichen Ziele, der Hingabe der menschlichen Seele an Gott, und der Reinigung und Heiligung jener durch den göttlichen Geist abgelenkt, und auf weltliche Interessen hingewiesen und von den menschlichen Begierden und Leidenschaften getrieben, wenn sie zugleich über den Staat herrschen und das Staatsleben bestimmen will. Die Verweltlichung und der Verfall der römischen Kirche, welche die Kirchenreform nöthig gemacht hat, und das heutige Wirken der von den Jesuiten beherrschten römischen Hierarchie bezeugen das. Die gebildeten Classen werden durch diese Erfahrungen mit Hass gegen die priesterliche Religion erfüllt, die ungebildeten Massen aber durch Aberglauben und Blendwerke geschreckt und gereizt. Die Religion wird den Einen verächtlich, die Andern werden durch den Schein der Religion betrogen, ausgebeutet und verdummt.«

Staat und Kirche seien von einander getrennt. »Die modernen Staaten«, sagt Bluntschli (a. a. O., p. 220), »sind keine Glieder irgend einer Kirche, sondern stehen ausserhalb jeder Kirche.«

Denn der »christliche Staat« ist wie der »Antisemitismus« eines jener vielen Schlagwörter, welche unsere Zeit beherrschen.

Was bedeutet im Grunde das Wort »christlicher Staat«? Ueberlassen wir die Antwort unserem grossen Gewährsmanne Bluntschli. Dieser sagt (a. a. O., p. 221 f.): »Wenn von christlichen Dingen die Rede ist, so dürfen wir nicht blos, wir sollen an Jesus Christus denken, den Stifter und die höchste Erscheinung der christlichen Religion. Als Jesus lebte,

---

Gebildeten fehlen sollte. — Vgl. Hinschius, Staat und Kirche. 1883 (1. Bd. des Marquardsen'schen Handbuches der juridischen Wissenschaften in Monographien).

gab es nur Einen Staat von Bedeutung, dem er selber und dem alle Apostel und die ersten Christengemeinden unterthan waren, den grossen r ö m i s c h e n W e l t s t a a t. Wenn in den ersten Jahrhunderten der christlichen Kirche von Staat die Rede ist und von obrigkeitlicher Gewalt, so ist immer das römische Reich und ist die Regierung des römischen Kaisers gemeint . . . . Jesus bezog die ältere Messiasidee allerdings auf seine Person; aber er bildete sie um und reinigte zugleich die Vorstellungen seiner Jünger von all' dem Beiwerk einer angestrebten Staatsmacht und Staatshoheit. Das »Himmelreich«, zu dem er die Menschen einlud, war keine Rechtsordnung und kein Königsstaat . . . . Alle andern Religionsstifter haben zugleich das religiöse und das politische Leben zu bestimmen gewusst. Moses wie Muhammed, Manu wie Con-fu-tsu; sogar bei Buddha finden wir diese reformatorische, alles Gesammtleben verbindende Tendenz. Jesus allein hat mit energischer Sorgfalt sich jeder Einwirkung auf den Staat und die Politik enthalten und ausschliesslich das r e l i g i ö s e und m o r a l i s c h e Leben zu reinigen und zu heiligen unternommen. Wir wissen nicht, wie er über die Staatsverfassung dachte. Er sprach niemals ein Rechtsgesetz aus, und vermied es, über politische Fragen seine Meinung zu äussern. Er verhielt sich durchaus abweisend gegen alle Zumuthungen, die eine politische Richtung hatten und ihm die Verbesserung des Staatswesens nahelegten. Wie eine böswillige Versuchung lehnte er die verfängliche Frage der Pharisäer ab, ob man den Römern Steuern zahlen solle, und ermahnte sie, »dem (heidnischen) Kaiser zu geben, was des Kaisers ist, wie Gott, was Gottes ist« . . . . Durch sein ganzes Leben und bis zum Tode am Kreuze erwies er sich dem Kaiser und dem römischen Staate gehorsam. Der römische Staat aber war keine Theokratie, wie der untergegangene Judenstaat, er war ein europäischer Volksstaat. Der römische Kaiser leitete seine Gewalt nicht von Gott, sondern von dem römischen Volke ab . . . . Ebenso bezog sich das viel berufene Wort des Apostels P a u l u s (Römer 13, 1): »Jedermann sei unterthan der obrigkeitlichen Gewalt; denn es ist keine Obrigkeit, ohne von Gott; wo aber Obrigkeit ist, die ist von Gott verordnet« — nicht auf die jüdische Theokratie und nicht auf das ideale Messiasreich, sondern wieder auf den damaligen heidnischen Römerstaat und die kaiserliche Obrigkeit. Paulus hat durch seinen an die judenchristliche Gemeinde zu Rom gerichteten Römerbrief die theokratischen Vorurtheile seiner Glaubensgenossen bekämpft, nicht unterstützt .... Er hat die engen Begriffe eines jüdischen Glaubensstaates im Dienste Jehovah's durchbrochen und durch die höhere Idee berichtigt, dass der Staat überhaupt und dass auch der menschliche Römerstaat von Gott gewollt und dem religiösen Gefühle heilig sei. — Die spätere christliche Theologie hat die wahre Meinung von Paulus geradezu umgedreht und auf den Kopf gestellt, indem sie die Paulinische Mahnung im Sinne der rechtgläubigen Theokratie ausgelegt hat, welche Paulus widerlegen und berichtigen wollte. Christus selber also und die Apostel wussten nichts von einem specifisch »christlichen« Staate und wollten nichts davon wissen. Sie wiesen die ganze Vorstellung eines ausschliesslich christlichen Staates als gefährlich für die Religion und für die bestehende Staatsordnung zurück. Die Idee eines christlichen Staates ist erst Jahrhunderte später aufgekommen, erst als der ursprünglich heidnische Römerstaat in Folge der religiösen Umwandlung seiner Bevölkerung die heidnische Religion untersagte und die christliche Religion zur alleinigen Staatsreligion erhob. Wenn man den christlichen Staat als Theokratie versteht, so ist also diese Vorstellung weder mit der Religion Jesu und der Ansicht des Apostels Paulus vereinbar, noch mit dem heutigen Verfassungs- und Staatsrecht verträglich. Der moderne Staat ist ein von Menschen menschlich geordnetes und regiertes Volksreich .... Das christliche Dogma von der Hoheit Christi hat mit den modernen Staatseinrichtungen und mit der modernen Staatsverfassung nichts zu schaffen .... Der moderne Staat gewährt seinen

Rechtsschutz jeder religiösen Genossenschaft, welche ihrerseits die öffentliche Rechtsordnung achtet, und weshalb sollte er das nicht thun? Indem er sich scheut, in Glaubenssachen zu regieren, ist er sich der natürlichen Schranken seiner Macht bewusst geworden. Er verstattet dem Glauben Freiheit, er masst sich keine Glaubensherrschaft an. Eben deshalb kann er den im Volke verbreiteten christlichen Kirchen Ehre erweisen, aber keine ausschliesslichen Privilegien geben, die zur Unterdrückung oder Kränkung Andersgläubiger ausgebeutet würden. Das Eherecht hat zwar heute noch in manchen Ländern eine confessionelle Färbung, aber das wird als ein Mangel desselben, nicht als ein Vorzug empfunden und die moderne Rechtsbildung bewegt sich in der Richtung zu gleichmässigem Eherecht, welches für Alle dieselben Grundbedingungen der ehelichen Verhältnisse festsetzt. Da der Rechtsbegriff der Ehe unabhängig ist von der Confession und die bürgerlichen Rechtswirkungen der Ehe für die ganze Nation dieselbe Bedeutung haben, so entspricht ein nicht-confessionelles Eherecht offenbar besser den Bedürfnissen und Rechtsansichten der heutigen Gesellschaft.* Die S c h u l e kann der moderne Staat unmöglich mehr der Leitung der Kirche überlassen. Die Erfahrung lässt sich nicht abstreiten, dass die grossen Fortschritte in allem Schulwesen schon seit Menschen-

* Es verdient bemerkt zu werden, dass das Judenthum von allem Anfang an die Ehe nur als einen bürgerlichen Vertrag ansah, der mit der Religion nichts zu thun habe. In der ganzen Thora, die doch für die geringsten religiösen Bedürfnisse die peinlichste Sorge trägt, ist von den bei der Eheschliessung etwa anzuwendenden religiösen Gebräuchen mit keinem Worte die Rede. — Wenn der Mann in Gegenwart einer gewissen Anzahl von Zeugen erklärte, dieses oder jenes Mädchen zur Frau nehmen zu wollen, und dieses darin einwilligte, so war die Ehe gültig. Dass bei der Eheschliessung die Assistenz eines Priesters nothwendig wäre, möchte dem Palästinenser und noch den späteren Juden so absurd erschienen sein, als wenn Jemand uns heutzutage von der Nothwendigkeit der Assistenz des Priesters bei einem Güterkaufe sprechen wollte. Wenn gegenwärtig die jüdischen Geistlichen bei der Eheschliessung functioniren, so ist dies theilweise auf die Nachahmung der in der christlichen Kirche gepflogenen Sitte zurückzuführen. (Der Verfas

altem vornehmlich der staatlichen Sorge zu verdanken sind, und dass in den Ländern, in denen die Volksschule von dem katholischen Clerus beherrscht blieb, die Volksbildung verkümmert ist. Der Staat kann auch nicht die Pflicht von sich weisen, für die Fortpflanzung und Förderung der Volksbildung thätig zu sein, denn davon hängt die Fähigkeit der Nation und seine eigene Macht ab. Die Masse der weltlichen Kenntnisse und die Fülle der weltlichen Wissenschaft, welche in den Schulen gelehrt werden, ist aber so unverhältnissmässig grösser und mannigfaltiger, als der religiöse Lehrstoff, dass mit Naturnothwendigkeit die Leitung des Staates an die Stelle der älteren Leitung der Kirche hat treten müssen.*

Der moderne Staat ist daher kein christlicher Staat mehr, weder im Sinne der mittelalterlichen Theokratie und Priesterherrschaft, noch in dem Sinne der Bevorzugung christlicher Bekenntnissgläubiger und der Unterdrückung und Zurücksetzung des Nichtchristen.

Diese Worte des weltberühmten, in der Politik wie in der Wissenschaft ergrauten Staatsrechtslehrers mögen der Clerus und die Clericalen sich hinter die Ohren schreiben. Nach den eben angeführten Auseinandersetzungen Bluntschli's kann es uns nur ein mitleidiges Lächeln abgewinnen, wenn wir jenen oben genannten geistlichen Abgeordneten im österreichischen Parlamente ausrufen hören: »Niemand hat das

---

* Auch hier verdient erwähnt zu werden, dass in Palästina, trotzdem das religiöse Moment nicht nur die Jugendbildung, sondern das ganze Leben des Palästinensers beherrscht hat, dem Priester nicht der geringste Einfluss auf die Schule verstattet wurde, ja, dass von priesterlicher Seite nicht einmal der Versuch unternommen wurde, eine solche Gewalt über die Schule zu gewinnen. Die Schule war der hierarchischen Bevormundung entzogen, und so blieb es bei den Juden bis auf den heutigen Tag: Die Gemeinde, also die bürgerliche Behörde, und nicht der Seelsorger leitet die in einzelnen Orten noch bestehenden jüdisch-confessionellen Schulen. Vgl. Bloch, »Von der Elementarschule und dem Erziehungswesen der alten Völker«, Wien 1884.

Recht, das »Scepter« in directen Gegensatz zum »Krummstabe« in Schulangelegenheiten zu bringen. Wir Clericalen haben nie erklärt, dass die Schule ausschliesslich Sache der Hierarchie sei, wir haben sie immer als Condominium betrachtet, wo auch der Staat sein Wort dreinzureden hat.« Eine solche Arroganz sollte sich der mächtige österreichische Staat am Ende des 19. Jahrhunderts, wo die Autorität des Staates im Volke weit über jener der Kirche steht, denn doch nicht gefallen lassen. Die Arroganz der Pfaffen geht zu weit.

Krummstab, deine Uhr ist abgelaufen!

Denn täusche man sich nicht: Das traditionelle Christenthum ist mit dem modernen Geistes- und Staatsleben nicht vereinbar.

Wir führten diesen Satz in dem ersten Theile unserer Schrift näher aus; wir freuen uns, darin mit den besten Männern unserer Zeit auf demselben Standpunkte zu stehen.

Fr. Laurent, der grosse belgische Rechtsgelehrte und Historiker*, gelangt zu dem Schlusse, »dass das Christenthum nur insoferne die Religion der zukünftigen Menschheit bleiben könne, wenn es seine Fortbildungsfähigkeit erweise, die Irrthümer früherer Perioden abstreife und durch den Geist der Wissenschaft ergänzt, gereinigt und berichtigt werde«.**

»Der spiritualistische Zug der Verachtung des Fleisches, der Geringschätzung aller sogenannten irdischen Güter, der Abwendung von dem Diesseits und der ausschliesslichen Hingabe an das Jenseits«*** müsse aus der katholischen Glaubens-

---

* Vgl. dessen berühmte »Etudes sur l'histoire de l'humanité« (Genf 1850 f.), enthaltend: L'Orient, la Grèce, Rome (3 Bde. 2. Aufl. 1855); Le christianisme (1855); Les barbares et le catholicisme (1855); La féodalité et l'église (1861); Les guerres de religion (1863); Les nationalités (1865); La philosophie du XVIIIme siècle et le christianisme (1860); La révolution française (1868); Les jésuites (1865) etc.
** Bluntschli, a. a. O., p. 231.
*** Bluntschli, a. a. O., p. 233.

lehre schwinden; die Mönchs- und Nonnenklöster müssten aufgehoben, den Geistlichen die Ehe gestattet, sie selbst den Laien in jeder Richtung gleichgestellt und wie diese dem Staate untergeordnet werden; der Aber- und Wunderglaube, den die Priester so gerne pflegen*, müsste der Vernunft Platz machen.** »Denn«, sagt Bluntschli*** mit Recht, »wenn die Völker dem Aberglauben vertrauen, so verlieren sie den Blick in die wahre Natur der Dinge und in den Zusammenhang von Ursache und Wirkung. Sie haben kein Verständniss für den Unterschied des Naturnothwendigen und des Möglichen. Sie erwarten zu viel von der Hülfe Gottes und strengen die eigenen Kräfte zu wenig an. Sie lassen sich durch eingebildete Gefahren schrecken und durch eingebildete Hoffnungen bewegen. Sie werden schwach gegenüber dem wirklichen Feind und die Phantasie geht mit ihrem Verstande durch.« »Die künstliche Pflege des Aberglaubens entfremdet die besseren Köpfe der Religion, erregt den Spott Vieler und zieht neben einigen Heuchlern fast nur die Dummen und Unwissenden an.« †

Es wird das eine wahre Herkulesarbeit sein, den Unrath, der sich im Laufe der vielen Jahrhunderte in die erhabenen Lehren Christi und seiner Apostel eingenistet hat, wieder aus denselben zu entfernen. In einer solchen Zeit muss jeder Priester,

---

* Vgl. David Friedrich Strauss: Das Leben Jesu für das deutsche Volk bearbeitet (Bonn 1877, Verlag von Emil Strauss), I, p. XX: »Und so viel ist jedenfalls sicher, wenn das Christenthum aufhört ein Wunder zu sein, so können auch die Geistlichen nicht mehr die Wundermänner bleiben, als die sie sich bis dahin so gerne gebärdeten. Sie werden nicht mehr Segen sprechen, sondern nur noch Belehrung ertheilen können; davon ist aber bekanntlich das Letztere ein ebenso schweres und undankbares, als das Erstere ein leichtes und lohnendes Geschäft.«

** Man muss über die ungeheure Masse der abergläubigen Vorstellungen staunen, die sich im Laufe der Zeiten wie ein Rost an das Christenthum angesetzt haben. Vgl. Carl Meyer: Der Aberglaube des Mittelalters und der nächstfolgenden Jahrhunderte. Basel 1884. Verlag von Felix Schneider, p. 382 f.

*** A. a. O., p. 235.

† Bluntschli, a. a. O., p. 237.

dem es ernst darum ist, die Religion im Volke zu erhalten, seine ganze ungetheilte Kraft dem grossen Werke widmen, das wir eben näher gekennzeichnet haben. — Möge die katholische Kirche die Worte eines der bedeutendsten Gelehrten und Politiker Europas wohl beherzigen: Eduard Suess erwiderte im österreichischen Parlamente jene bereits öfters genannte Kapuzinade des geistlichen Abgeordneten und sprach u. A. folgende Worte:

»Die Gesellschaft steht heute vor einem grossen Zwiespalt; dieser Zwiespalt hat darin seine Ursache, dass die Kirche es für zweckmässig gefunden hat, sich unbedingt auf die Seite der Autorität zu stellen; sie hat dadurch das angeborene Recht des menschlichen Geistes geleugnet und den gesammten Gang der menschlichen Civilisation verkannt und hat sich dadurch der Gelegenheit leider begeben, der heutigen Gesellschaft die glänzendsten Dienste zu erweisen; sie hat mehr Vertrauen auf äussere Machtmittel, als auf die innere Kraft des Glaubens selbst und hat dadurch einen grossen Theil ihrer Stellung eingebüsst.«

»Lassen Sie ab«, ruft Eduard Suess ferner den Vertretern der katholischen Kirche zu, »durch Dogmen die Vernunft zu bestürmen, und versuchen Sie es, durch Liebe die Herzen zu erwerben! Dann wird eine glückliche Zeit gekommen sein: dann allein werden Sie erst sehen, dass Tausende, die heute in Indifferentismus abseits stehen, mit Thränen in den Augen lobpreisend Ihnen zu Füssen fallen werden. Dann wird allein die Religion durch Liebe der Gesellschaft den Frieden, die Freiheit den Menschen Würde geben, und aus der Vereinigung Beider wird die Autorität des Staates erstehen.« Wenn die Kirche solchen Prinzipien ihr Ohr verschliesst, dann hat sie zu sein aufgehört, und fristet ein Leben, das nach Jahrzehnten zählt.

»Die Signatur unserer Zeit«, sagt Findel,[*] »ist ein bald

[*] In seinem geistvollen Vortrage: »Die moderne Weltanschauung und die Freimaurerei«. Leipzig 1884 Einleitung. — Wir ergreifen hier

bewusstes, bald instinctives Ringen nach besseren, vernunftgemässen Zuständen auf den vielverzweigten und in innigster Wechselwirkung stehenden Gebieten der Kirche, des Staates und der Gesellschaft. Ueberall und in allen Schichten des Volkes fühlt man den tiefen, inneren Widerspruch zwischen den bestehenden, einer überwundenen, inzwischen total veränderten Vergangenheit angepassten Verhältnissen und dem historischen Zuge der Zeit, zwischen moderner Weltanschauung und veralteten Glaubenssätzen, zwischen innerer Geistesfreiheit und Selbstbestimmung und äusserer Bevormundung, zwischen Frivolität und Sittlichkeit. Dieser tiefgehende Widerspruch, eine Folge der Erschütterung der christlichen Weltanschauung durch die historische Kritik, erzeugte allenthalben eine steigende Unruhe und das thatkräftige Ringen nach einem Ideal, das dem Menschen nicht als eine äussere, fremde Gewalt, sondern als sein eigenes besseres Wesen erscheine. Es ist ein Zustand der Mündigkeit und Selbständigkeit, dem die Gegenwart zustrebt. Der Mensch des 19. Jahrhunderts will sich nicht mehr beugen vor selbstgeschaffenen Autoritäten, er will nicht mehr erzittern vor selbsterfundenen Schrecken, er will nicht mehr anbetend niedersinken vor selbst gemachten Götzen, denn Furcht und Abhängigkeit sind nach der von ihm gewonnenen Erkenntniss keine Bestandtheile echten religiösen Gefühls. Religion ist ihm nicht äusserer Formendienst, sondern Gesinnung; nicht Bekenntniss von Dogmen, sondern freie Erhebung des Geistes über die gemeine Wirklichkeit; nicht ein bereitwilliges Sichducken unter äussere Autoritäten,

gerne die Gelegenheit, die übrigen meisterhaften, in alle Sprachen der Weltliteratur übersetzten Werke desselben Verfassers, der im wahren Sinne des Wortes auf der Höhe der gegenwärtigen Weltanschauung steht, Jedermann, der noch Empfängniss hat für wahre Religion und Humanität, aufs Eindringlichste zu empfehlen. Wie wir selbst, so wird hoffentlich jeder freidenkende Leser die reichste Belehrung und Anregung aus Findel's Werken schöpfen. — Es sind die folgenden: **Grundsätze der Freimaurerei im Völkerleben, 2. Aufl.; Geist und Form der Freimaurerei, 4. Aufl.; Geschichte der Freimaurerei, 2 Bde., 5. Aufl.; Vermischte Schriften.**

sondern das Bewusstsein seiner Verwandtschaft mit dem Höchsten und Arbeit im Dienste der Menschheit.«

Die Religion ist Liebe; der Sitz der Liebe aber ist das Herz des Menschen. Dieses sei also der Wirkungskreis der Geistlichkeit, der Lehrerin der Religion. Fasse die Kirche einen hochherzigen Entschluss: Verzichte sie freiwillig auf den ihr nur unwillig vom Staate eingeräumten Einfluss auf die Leitung der weltlichen Verhältnisse. Die Kirche und nicht das Parlament ist der Ort, wo wir den Priester suchen. Krummstab und Scepter seien getrennt!

»Priester und Geistliche gehören wesentlich der Kirche, nicht dem Staate zu, da ihre Functionen sich auf den religiösen Cultus und die Seelsorge, nicht auf Staatsangelegenheiten beziehen ... Die heutige Welt liebt auch nicht mehr die thatsächliche und willkürliche Verbindung von Staats- und Kirchenämtern. — Noch in den letzten Jahrhunderten des Mittelalters kam es oft vor, dass Cardinäle oder Erzbischöfe zu leitenden Staatsministern erhoben wurden. Die Völker nahmen damals keinen Anstoss an dieser Verbindung. Heute würden sie dieselbe nicht mehr vertragen. Wo irgend die öffentliche Meinung wahrnimmt, dass Beichtväter oder Hoftheologen einen politischen Einfluss auf die dynastischen Höfe üben, fühlt sie sich geärgert und wird misstrauisch. Sie sieht es ungern, wenn Bischöfe und Pfarrer sich in die Politik mengen, auf die Wahlen einwirken, sich zu Deputirten wählen lassen, um eine politische Rolle zu spielen. Sie billigt solches politische Thun nur unter der Voraussetzung, dass die Geistlichen ihren Kirchenberuf ganz aufgeben und nur sich dem Staate als Weltliche widmen.«

In allen diesen Beziehungen folgt die öffentliche Meinung dem richtigen Gefühl, dass Staat und Kirche verschiedene Wesen seien, dass sie einen verschiedenen Geist und nicht dieselben Aufgaben haben. Der Staatsdienst erfordert andere Fähigkeiten, eine andere Bildung, andere Arbeiten, als das Kirchenamt. Individuen, die ihr Leben dem religiösen Berufe widmen, haben fortwährend die Beziehungen der menschlichen Seele zu Gott vor Augen und kümmern sich weniger um die äusseren Interessen der Menschen im Verhältniss zu ihren Nebenmenschen.

Dem specifisch frommen Gemüthe erscheinen die weltlichen Dinge als weniger wichtig. Dem Heiligen gelten Wohlstand, Macht und sogar weltliche Wissenschaft und nationale Grösse für Güter von vergänglichem Werthe. Sein Sinnen und Streben ist vorzugsweise oder ausschliesslich dem Unvergänglichen und Ewigen zugewendet. Daher wird er für den Staat nur geringes Verständniss haben und dem Staate wenig brauchbare Dienste leisten. Wenn aber die Träger der Kirchenämter, wie das allerdings in der Praxis sehr oft vorkommt, auch jene weltlichen Eigenschaften offenbaren, nach Reichthum und Macht streben und Politik treiben, dann sind die Verweltlichung und das Verderbniss der Kirche und der Ruin des Staates die regelmässigen Wirkungen solcher Priesterpolitik und Priesterherrschaft. Das gerechte Misstrauen der öffentlichen Meinung wird überdem durch zwei Erwägungen verschärft: die eine, dass die Einwirkung der Priester auf die Politik sich durch ihre Heimlichkeit der verfassungsmässigen Controle und Rechenschaft entziehe, welchen die Staatsämter unterworfen sind, und die andere, dass dieselbe durch die Berufung auf den göttlichen Willen über die menschliche erkennbare Sphäre hinausgehoben und ins Masslose und Schrankenlose gesteigert wird.

Der römische Clerus betrachtet sich nach der ultramontanen Lehre der Jesuiten als eine geistliche, über die ganze Laienwelt und daher auch über den Staat erhabene heilige Körperschaft, als die Diener und Träger der universellen Weltkirche, welche ihre Herrschaft über den Erdkreis hinausdehnt, mit ihrem sichtbaren universellen Haupte, dem römischen Papste. Die Erziehung des priesterlichen Nachwuchses ist seit der Restauration des Papstthumes und des Jesuitenordens von der thörichten Gunst der Staatsregierungen selber gefördert, von Jahrzehnt zu Jahrzehnt immer einseitiger und fanatischer geworden. Schon in frühester Jugend wurden die Knaben, deren fromme Eltern sie dem geistlichen Berufe bestimmt hatten, in den bischöflichen Seminarien von allem Verkehr mit der weltlichen Jugend und von aller nationalen Bildung möglichst abgeschlossen. Die noch weichen und empfänglichen Seelen der Zöglinge wurden mit mittelalterlichen Ideen genährt, mit traditionellem Glauben und Aberglauben erfüllt, durch ascetische Uebungen und Ceremonien geformt und für den Dienst der Hierarchie abgerichtet. Auf den Universitäten und in den hohen Schulen Roms wurde diese Isolirung und diese Einbildung, so gut es ging, fortgesetzt. Indem dann die Candidaten zu Priestern geweiht wurden, ward ihr Selbstgefühl im Verhältniss zu den Laien masslos aufgebläht, ein Verhältniss zu den kirchlichen Obern bis zum Verzicht auf die eigene Einsicht und jeden eigenen Willen niedergedrückt. Der ganze Priesterstand war schon im Mittelalter seit Papst Gregor VII. durch den Cölibat von der Familie und dadurch zugleich von der Gemeinde und dem Volke losgerissen. Die für die Vervollkommnung aller Zustände überaus wichtige Sorge der Eltern für ihre Nachkommen wurde dadurch künstlich in den Herzen der Cleriker ausgetilgt. Ihr ganzes Leben wurde der römischen Theokratie dienstbar gemacht. Das Vaterland und die angestammte Nation mussten der Herrschsucht des geistlichen Rom zum Opfer gebracht werden. Immer strenger wurde die römische Disciplin durchgeführt, immer absoluter das Regiment der Päpste. Die aus militärischen und theologischen Sitten und Ansichten gemischte Zucht der Jesuiten durchdrang nach und nach die ganze Clerisei und bildete sie zu geistigen Knechten der Hierarchie um. In allen Centren der kirchlichen Provinzen und allen Sitzen der Bischöfe, wie in den Klöstern, nisteten sich die Jesuiten ein und führten mit zäher Energie die Politik des Kirchenregiments durch. Für alle verlorenen Güter, die dem Menschenleben seinen Werth verleihen, sollte den Clerikern das hochmüthig-demüthige Bewusstsein einen Ersatz gewähren, die göttliche Weltherrschaft der Päpste zu verwirklichen und daran Theil zu nehmen.

Seit der Verkündigung des Universal-Episcopats, der göttlichen Einsetzung des Apostelfürsten Petrus und seiner Nachfolger, der Päpste und des unfehlbaren Lehramtes des Papstes in Sachen des Glaubens und der Sitten durch Papst Pius IX. vom 18. Juli 1870 ist der päpstliche Absolutismus auf die Spitze getrieben worden, wie es selbst im Mittelalter in den Zeiten höchster Papstmacht nie geglückt war. Grundsätzlich sind damit die ganze Culturentwicklung der neuen Zeit, der moderne Staat und die geistige Freiheit verworfen und die in der Bulle Unam sanctam ex cathedra verkündete Anmassung der Päpste, sowohl das geistliche als das weltliche Schwert von Gott empfangen zu haben, und den Staat als den Diener der Kirche zu behandeln, der ihre Gebote mit äusserer Macht vollzieht, ist damit als heiliges Recht der Päpste proclamirt. Dass der moderne Staat solche wahnsinnige Ueberhebung der Priesterschaft nicht dulden könne, bedarf keiner Ausführung. Er ist genöthigt den offenbaren Angriff auf seine Existenz zurückzuweisen und die Priester zu zwingen, dass sie seiner Rechtshoheit gehorchen. So lange die römisch-katholische Kirche in so culturfeindlichem und staatsfeindlichem Geiste geleitet wird, so lange muss der Staat die Fundamente seiner Macht gegen die feindliche Unterminirung sorgfältig verwahren, so lange sind die äusserste Vorsicht des Staates und das Misstrauen gegen den katholischen Clerus geboten.«*

Es liegt jedoch in der Macht der katholischen Kirche, jenes gerechte Misstrauen des Staates und der Gesellschaft durch ihre Selbstbeschränkung auf das Gebiet der religiösen Belehrung zu beseitigen. — Man trat an uns Juden heran und verlangte von uns unser Glaubensbekenntniss; wir folgten sofort jener Aufforderung und sagten der Welt: Das und Das sind in wenigen Sätzen unsere Moral- und Glaubensprincipien.**

* Bluntschli, a. a. O., pag. 256 f.
** Wir ergreifen hier gerne die Gelegenheit, das »Kurzgefasste ethische Glaubensbekenntniss über die Beziehungen von Juden und Nichtjuden«, das von dem Prediger der israelitischen Cultusgemeinde in Wien, Dr. Adolf Jellinek, vor zwei Jahren abgefasst wurde, durch dessen

Thue die römisch-katholische Kirche dasselbe!

wortgetreuen Abdruck weiteren Kreisen zugänglich zu machen. Viele Hunderte von Gemeinden und Rabbinern — u. A. das gesammte Consistorium von Württemberg — gaben bereits dem »Glaubensbekenntnisse« ihre vollste Zustimmung. Wir erlauben uns an dieser Stelle alle Gemeinden des Erdenrunds aufzufordern, jenes »Glaubensbekenntniss« einer genauen Prüfung zu unterziehen und im Falle der Uebereinstimmung — diese dürfte nirgends fehlen — derselben auch officiellen Ausdruck zu verleihen, indem sie das »Glaubensbekenntniss« auf ihre Kosten vervielfältigen, in entsprechender Anzahl unter den jüdischen und nichtjüdischen Angehörigen ihrer Stadt verbreiten. Dadurch gewönnen wir Juden ein einheitliches Glaubensbekenntniss, nach dem allein man unsere religiösen und moralischen Anschauungen wird prüfen dürfen. Man wird uns nicht immer wieder und wieder für einige verschrobene und überdies missdeutete Ausdrücke des Talmud, welcher vor 1200 Jahren abgefasst wurde und von dem die ungeheure Majorität der heutigen Juden kaum den Titel fehlerlos lesen kann, verantwortlich machen. — Das von Dr. Jellinek abgefasste »Glaubensbekenntniss« lautet:

Auf Grund von Bibel und Talmud, in denen die schriftlichen Religionslehren des Judenthums und die traditionelle Erläuterung und Entwicklung derselben enthalten sind, anerkennen und bekennen wir als die religiös-sittlichen Grundsätze und unverbrüchlichen Moralgesetze, deren Beobachtung und Befolgung allen obliegt, die zur jüdischen Gemeinschaft sich rechnen, ohne Unterschied der Bildung und der Lebensrichtung, ob sie orthodox-conservativ oder liberal-fortschrittlich gesinnt sind, Folgendes:

I.

Das Gebot der Thora: »Liebe deinen Nächsten wie dich selbst«, und die Erläuterung des weisen Mischnalehrers Hillel, die er einem Heiden, der dem Judenthume sich anschliessen wollte, als die Summe und den Mittelpunkt der Thora gegeben hat: »Was du nicht willst, dass man dir thue, das thue auch Anderen nicht«, umfassen alle Menschen ohne Unterschied der Abstammung, der Sprache, der Nationalität, der Staatsangehörigkeit und des confessionellen Glaubens.

Jeder Israelit ist verpflichtet, seinen Nebenmenschen, Juden wie Nichtjuden, als ein im Ebenbilde Gottes geschaffenes Wesen und als ein Mitglied des Menschenbundes zu lieben, ihn als seinen Mitbruder zu betrachten, brüderlich und liebevoll zu behandeln, ihm nicht zuzufügen, was er nicht will, dass man ihm selbst thue.

Das Judenthum spricht auch keinem Menschen, in welcher Weise und durch welche Formen sein religiöser Glaube und sein Gottesbekennt-

Ihre Lehren bilden, wie wir im Verlaufe unserer Schrift öfters wahrzunehmen die Gelegenheit hatten, in der Gegen-

niss in die Erscheinung treten möge, die Seligkeit ab, sobald sein Lebenswandel den Forderungen des im Laufe der Jahrhunderte zur sittlichen Norm aller europäischen Culturvölker gewordenen jüdischen Moralgesetzes entspricht; stellt ihn vielmehr als einen »nichtjüdischen Frommen« Demjenigen gleich, welcher im Judenthum geboren ist und dessen Satzungen und Gebote beobachtet.

II.

Gleichwie das biblisch-talmudische Judenthum im Punkte der Nächstenliebe keinen Unterschied zwischen Juden und Nichtjuden kennt, sondern das Band der Liebe um alle Nationen und Confessionen, um die gesammte Menschheit schlingt und sie dadurch zu einem Bruderbunde macht; ebenso ist ihm eine solche Unterscheidung im Handel und im Verkehr, in allen bürgerlichen, staatlichen und socialen Beziehungen vollkommen fremd.

Es verlangt von seinen Bekennern Rechtlichkeit, Redlichkeit, Ehrlichkeit, Wahrhaftigkeit, Aufrichtigkeit, Gewissenhaftigkeit, Treue dem gegebenen Worte, der gemachten Zusage und dem geleisteten Eide schlechthin, unbedingt, ohne Vorbehalt, ohne Einschränkung, ohne Ausnahme gegen jeden Menschen, welchem Volke, welchem Staate und welchem Glauben er angehören möge.

III.

Das biblisch-talmudische Judenthum gebietet allen seinen Bekennern, die in der Zerstreuung in allen Welttheilen leben, treu und ergeben zu sein dem Vaterlande, welchem sie angehören, seinen Gesetzen sich zu unterwerfen, seiner Obrigkeit zu gehorchen, den Regenten des Landes als hehr und heilig zu ehren, die Sicherheit, die Macht, die Ehre und den Ruhm des Vaterlandes, im Kriege wie im Frieden, zu wahren und zu fördern, den Mitbürgern ohne Unterschied der Confession sich innig und brüderlich anzuschliessen, mit einem Worte: Das Wohl des Vaterlandes als ihr eigenes zu betrachten.

IV.

Das biblisch-talmudische Judenthum schärft seinen Bekennern mit unerbittlicher Strenge ein, Alles zu vermeiden und zu unterlassen in Wort und That, wodurch der Name Gottes entweiht, die Lauterkeit des israelitischen Glaubensbekenntnisses getrübt, die Ehre des jüdischen Namens verdunkelt werden, überhaupt Alles, wodurch auch nur der leiseste Schatten auf Israels Glauben und Israels Namen fallen könnte, mit einem Worte: Chillul ha-Schem; dagegen kein Opfer, und wäre es noch so gross, zu scheuen, wenn es gilt, den Namen Gottes zu heiligen,

wart den Gegenstand der allseitigsten und heftigsten Angriffe.
Dreche die Kirche diesen Angriffen selber die Spitze ab; es
liegt in ihrer Macht. Unsere Zeit ist eine bewegte Zeit; die
veralteten Institutionen müssen, ob sie wollen oder nicht, in
die alte Rumpelkammer der Geschichte wandern. Warum
verschliesst denn die Kirche, von dem thörichten Wahne befangen,
als ob sie in der That ›auf festem Felsengrunde‹
stünde — wie es in der Kirchenlegende heisst — ihr Auge
vor der grossen religiösen, politischen und socialen Umwälzung,
die um sie her die Geister so mächtig bewegt? Wo
ist der alte Absolutismus? Er ist der constitutionellen Monarchie
gewichen, die rückhaltslos dem Volke einen gar bedeutsamen
Antheil an der Regierung gönnt. Wo ist das
engherzige Zunft- und Kastenwesen? Nur wenige Ueberreste
jenes alten Systems haben sich bis in unsere Zeit künstlich
erhalten. Wo ist der alte Zopf, der sich noch im vorigen
Jahrhundert in der Gesellschaft so breit machte? Er ist der
freien Bewegung gewichen. — Und nur die Kirche allein soll

d. h. vor der Welt Zeugniss abzulegen, dass das Judenthum die reinste
Gotteserkenntniss, das strengste und lauterste Sittengesetz und allgemeine
Menschenliebe lehrt, mit einem Worte: Kiddusch ha-Schem. Die
Männer, welche für diese Heiligung des göttlichen Namens ihre Leben
geopfert haben, werden daher in Israel Heilige genannt.

V.

Das biblisch-talmudische Judenthum bestärkt seine Bekenner in
der Hoffnung, dass alle Völker durch immer fortschreitende Erkenntniss
und Veredlung, herbeigeführt durch das Zusammenwirken ihrer weisesten
Männer und besten Geister, zu einer solchen Höhe sittlicher Vollkommenheit
sich emporringen werden, dass das höchste Ideal der Liebe, des
Friedens und der Verbrüderung unter den Menschen auf Erden erreicht
sein wird, und legt es ihnen — seinen Bekennern nämlich — ans Herz,
selbst mit dem Beispiele voranzugehen, in Frieden und in Eintracht
brüderlich und liebevoll mit allen Menschen zu verkehren, um dadurch
beizutragen, dass dieser ideale Zustand allmälig herbeigeführt werde,
eine Zeit, in welcher kein Volk über das andere herrschen, sondern frei
für sich und friedlich mit den übrigen leben wird. Eine jüdische Weltherrschaft
kennt und lehrt das Judenthum durchaus nicht, sondern eine
Gottesherrschaft oder ein Gottesreich allgemeiner Liebe und allgemeinen
Friedens.

in diesem tobenden Meere der Umwälzung und Neubelebung der Vergangenheit ruhig auf ihrem alten Boden bleiben? Es gibt keine Wunder mehr; denn der Wunderglaube ist das Erzeugniss einer aufgeregten, künstlich bearbeiteten Phantasie; das 19. Jahrhundert aber denkt kühl und überlegt, zumal wenn es Glaubenssachen betrifft. Trete doch der Priester in die Mitte des Volkes! Er wird da zu seinem nicht geringen Erstaunen wahrnehmen, dass die Autorität der Kirche und des katholischen Glaubens selbst in den einfachsten Gemüthern an Raum sehr viel verloren habe. Wer geht denn heute noch in die Kirche? Es sind zumeist alte Frauen, gebückte Greise und die Kinder, welche dem Willen ihrer Eltern blindlings folgen. — Das Volk ist nicht mehr befriedigt von den Dogmen des katholischen Glaubens; der Kirchenpomp blendet nicht mehr sein Auge, das lebhaft in die bewegte Gegenwart mit ihren fortschrittlichen Tendenzen hineinblickt. Noch vor zwei Jahrzehnten stand der katholische Priester beim Volke im höchsten Ansehen; nicht nur Kinder, auch Erwachsene scheuten sich nicht, dem jungen Cleriker auf offener Gasse zum Zeichen der Verehrung die Hand zu küssen. Heute kann wohl selbst der Domherr unbehelligt von solchen Ehrenbezeugungen durch die Strassen wandeln. Es ist das ein altes aber wahres Wort: Tempora mutantur et nos mutamur in illis.

Früher beherrschte der Dorfpfarrer despotisch die Geister seines Dorfes; er galt jedem Dorfbewohner als das höchste Ideal der Vollkommenheit. Heute stehen die Dinge anders. Der Staat entrang dem Pfarrer die Macht über die Geister; er verlieh den Lehrerstab einem weltlichen Beamten. Wo fiel es früher einem armen Dorfbewohner ein, seinen Sohn auf die hohe Schule zu schicken? Der Sohn musste daheim den Pflug ziehen oder mühsam in der Handwerksstätte sein täglich Brod verdienen; der Horizont ging nicht weiter, als die Grenzen des Dorfes reichten. — Heute gibt es vielleicht in den cultivirten Ländern kein Dorf, das nicht mehrere seiner Kinder an die hohen Schulen des Vaterlandes sendete. Und die Söhne des Dorfes gehen nicht mehr in die bischöf-

lichen und erzbischöflichen Seminarien, um dort das frühere
Ideal der Dorfkinder, die Priesterweihe, zu erlangen; sie ziehen
an die Universitäten der grossen Städte, lernen hier das
geistige und culturelle Leben der Gegenwart aus eigener Anschauung kennen, und wenn sie nach Hause zurückkehren
und nach vielen Jahren mit ihrer alten Mutter wieder einmal
in die Dorfkirche gehen und die Predigt des Geistlichen mitanhören, so fühlen sie sich in ihrem Herzen und in ihrem Geiste
seltsam beengt. Ist es möglich, ruft ihnen eine innere Stimme
zu, dass wenige Stunden von der Hauptstadt solche Ideen
die Menschen beherrschen sollten! Es erfasst sie inniges Mitleid; sie bedauern aufs Tiefste ihre Landsleute, zu denen sie
in so engen Beziehungen stehen. Der junge, aufgeklärte Mann
kann es nicht mitansehen, wie Menschen, die ihm so werth
und theuer sind, nicht Theil nehmen sollten an dem grossen
Glücke, das nur durch die Freiheit des Geistes errungen wird.
Er theilt ihnen, wenn anfangs auch zagenden Herzens, seine
freien Anschauungen über Kirche und Religion mit, und stets
findet er aufmerksame und willige Zuhörer. Die Wahrheit
dringt tief ins Herz, sagten wir oben; die Lüge blendet nur
für Augenblicke. Die grossen Träger der Cultur der Gegenwart, die Eisenbahnen, Telegraphen, Zeitungen und Bücher,
dringen heute bis in die letzte Bauernhütte. Der schrille Ton
der Locomotive übertönt den sanften Ton der Kirchenorgel;
der Bauer greift lieber zum Volksbuche und den Zeitungen,
die ihn mit der grossen Welt in reger Verbindung erhalten,
als zu dem Psalter und dem Gebetbuche. — Wir schätzen
die Religion, aber wir bedauern trotzdem den Mangel an
kirchlicher Frömmigkeit, sei es in welcher Confession immer,
nicht im Mindesten. Die Menschheit hat während des Mittelalters und der späteren Jahrhunderte genug in den hohen
Himmelssphären geweilt und mit den seligen Bewohnern derselben, den Engeln und den Heiligen, verkehrt. Es ist Zeit,
dass die Menschen wieder auf die Erde hinabsteigen und mit
Menschen verkehren. »Der Himmel ist der Himmel Gottes«,
sagt der Psalmist, »die Erde gab der Ewige dem Menschen

zu seinem Wirkungskreise.« Weiss die katholische Kirche, die den Geist ihrer Gläubigen so gern in das dunkle Jenseits verweist, nichts von jenem herrlichen Spruche des Psalmisten?

Also auf zur Wahrheit! Fort mit der Lüge und Heuchelei! Die meisten Pfaffen glauben ja in ihrem Innern selbst nicht an das, was sie ihrer »Heerde« mit den Künsten der Sophistik vorzudemonstriren bestrebt sind.

Hören die katholischen Priester auf, Pfaffen des Volkes zu sein, und werden sie dessen Lehrer! Hören sie auf, ein »Staat im Staate« zu sein! Denn das sind die katholischen Priester der Gegenwart und nicht die Juden, gegen welche man diesen ungerechten Vorwurf erhebt. — Die Juden erkennen alle Gesetze des Staates als für Jedermann bindend an; sie unterwerfen sich ihnen ohne jeden Vorbehalt. So war es bereits im grauen Alterthum. Schon der Prophet Jeremia ruft den Juden des babylonischen Exils zu: »Betet für das Wohl der Regierung, denn in ihrem Wohle ist das Eure enthalten«, und der Grundsatz: »Staates Recht gilt als Recht« blieb der Grundsatz der Juden aller Länder bis auf unsere Tage. Wir Juden gravitiren nicht nach Jerusalem, wie die katholischen Priester und die Clericalen nach Rom gravitiren. Denn das Bestreben eines Theiles der heutigen, sogenannten orthodoxen Juden, einen nationalen Staat in Palästina wiederherzustellen, ist, rundweg ausgesprochen, eine Utopie. So lange es keine Eisenbahnen und Telegraphen gab, malte sich die lebhafte Phantasie der Juden das heilige Land und insbesondere die heilige Stadt als ein Zauberland aus, »wo Milch und Honig fliesst«. Heute, wo uns durch jene Verkehrsmittel Palästina so nahegerückt ist, als irgend ein Land in Europa, büsste die Phantasie, die sich am liebsten entfernter Dinge bemächtigt, viel von ihrem früheren Reize ein. Die in den hebräischen Gebeten der gegenwärtigen Juden ausgesprochene Sehnsucht nach der Wiedererrichtung Jerusalems ist im wahren Sinne des Wortes eine platonische Sehnsucht. Versuche man es und stelle an einen orthodoxen Juden, der täglich mehrere

Male Gott um Restauration des alten Tempels und um Zurückführung der Juden nach Jerusalem inbrünstig anfleht, die ernste Anforderung, sein Haus und sein blühendes Geschäft im »christlichen« Europa aufzugeben, nach Jerusalem zu wandern und sich statt unter den Schutz einer geordneten europäischen Regierung unter den Schutz der türkischen Misswirthschaft zu begeben — und man wird sehen, wie weit her es in der Wirklichkeit mit jener Sehnsucht nach dem gelobten Lande sei. Die Juden sind nüchterne Denker und berechnende Leute; sie wollen nicht in Palästina verhungern, sie arbeiten lieber in Europa, erwerben sich Reichthümer, gelangen zu Ansehen und Einfluss und weben mit an dem grossen Gewebe der Gegenwart. Palästina war die Wiege der Juden. Diese verblieben aber nicht, wie vielleicht Manche wähnen, während der 18 Jahrhunderte ihres Martyriums in dem Stadium, in dem sie sich zur Zeit Christi befanden. Sie dehnten und streckten ihre Glieder und die Wiege ist ihnen zu enge geworden. Der Mann betrachtet zwar die Wiege seiner Kindheit mit Pietät; aber er verspürt wahrlich geringe Lust, sich in dieselbe wieder hineinzulegen.

Das thun nur »grosse Kinder«, und das sind nicht wir Juden, die wir mit dem Fortschritte der Zeiten stets gleichen Schritt zu halten gewohnt sind, sondern die Vertreter der katholischen Kirche, die nicht wachsen wollen und am Ende des 19. Jahrhunderts noch auf demselben Standpunkte stehen, als ihre ehrwürdigen Amtsgenossen im 3. und 4. Jahrhundert. Also nicht wir, sondern die Pfaffen mögen mit ihrem Anhange nach Palästina wandern; wir liberalen Juden verzichten jeden Augenblick feierlich und vor aller Welt auf den etwa uns zustehenden Theil Palästinas zu Gunsten des Papstes. Malta fasst nicht die vielen Tausende Cardinäle, Erzbischöfe, Jesuiten, Pfaffen und Nonnen; Palästina könnte sie alle ernähren. Da die genannten Herren und Damen auf die irdischen Güter verzichten und in der Kasteiung des Leibes eine gottgefällige Handlung erblicken, so wird voraussichtlich der allerdings wenig fruchtbare Boden des heiligen Landes ihren irdischen Bedürfnissen genügen. Dort können sie ruhig jeden Tag zu den heiligen Gräbern und den anderen heiligen Stätten wallfahrten, ohne dabei, wie es jetzt in den meisten Ländern Europas der Fall ist, von der aufgeklärten Menge mitleidig belächelt zu werden; dort können sie Busse thun für die grossen Verbrechen, welche ihre Amtsvorgänger an dem Geiste der Gerechtigkeit und der Volkswohlfahrt durch so viele Jahrhunderte verübt hatten; dort können sie ruhig darüber nachdenken, ob es von den Pfaffen des Mittelalters und der Neuzeit gerecht gehandelt war, die Andersgläubigen als »Ketzer« zu verbrennen und ihnen durch die Daumschraube und andere Folterwerkzeuge das Geständniss abzuringen, dass sie mit dem Teufel in directer Verbindung ständen; im heiligen Lande können sie endlich zum Bewusstsein gelangen, dass diejenigen Kirchenfürsten und Pfaffen nicht edel gehandelt haben, als sie die Leidenschaften des Volkes gegen die hilflosen Juden aufstachelten. Mit einem Worte: Möge der Papst das sündhafte Italien verlassen und in Palästina einen »heiligen Kirchenstaat« gründen. Die europäischen, namentlich die katholischen Mächte, denen der Papst nicht selten zur politischen Verlegenheit wird, werden ihm gerne ihren mächtigen Schutz leihen. Ja, wir sind sogar gewiss, dass eine Collecte für diesen Zweck unter den Juden selbst nicht ohne Resultat bleiben würde. Denn als kluge Politiker wären sie froh, ihrer Erzfeinde auf eine so billige Weise loszuwerden. Die christliche Menschheit aber, so weit sie sich nach ihrer gegenwärtigen geistigen und religiösen Entwicklung beurtheilen lässt, wird, wie wir schon an einer früheren Stelle dieser Schrift hervorhoben, sich ebenso wenig nach den Pfaffen zurücksehnen, als die Juden selbst. Das Volk braucht Brod, und das gibt ihnen die Kirche nicht; sie ist vielmehr so gewissenlos, ihm bei jeder Gelegenheit den Bissen aus dem Munde zu zerren. Was kann uns die Kirche darauf erwidern, wenn wir ihr vorhalten, dass es von ihr unbarmherzig gehandelt sei, wenn ihre Priester dem Aermsten im Volke ohne Bezahlung das Abendmahl zu verabreichen und dem Todten das Geleite zu geben sich nicht selten weigern? Solche Handlungen machen einen tieferen Eindruck auf das Volk, als alle Predigten und Messenlesen.

Und würde etwa der **Staat** die Geistlichen vermissen? Nicht im Geringsten. Muss es denn nicht jeden Patrioten mit Zorn und Empörung erfüllen, wenn hohe und niedere Vertreter der katholischen Kirche sich erkühnen, öffentlich den Papst über den Kaiser zu stellen? Der Staat wäre froh, wenn er — um populär zu sprechen — seine Pfaffen »auf eine anständige Weise« loswerden könnte. Der Staat braucht zur Erziehung des Volkes die Religion, d. i. die Liebe; diese bildet aber, wie wir eben sahen, nur theoretisch einen Bestandtheil der katholischen Glaubenslehre. Der Staat verzichtet, wie wir aus der kurzen, aber entschiedenen Abfertigung ersehen haben, die Fürst Bismarck anlässlich der letzten Socialistendebatte im deutschen Parlamente Herrn Windthorst auf dessen Angebot ertheilt hatte, auf die Mitwirkung der Kirche zur Bekämpfung des Socialismus. Der Staat wird mit demselben schon allein fertig werden. Ist es aber der Kirche wahrhaft ernst darum zu thun, das Elend des Volkes zu lindern, so öffne sie ihre Säckel und gebe ihr nach Hunderten von Millionen zählendes Vermögen dazu her, um Armen- und Waisenhäuser und andere Wohlthätigkeitsanstalten für das leidende Volk zu errichten. Durch salbungsvolle Predigten wird der hungrige Mann aus dem Volke nicht satt. Ja, wir erklären es sogar für die Pflicht der Kirche, die Schuld ihrer Amtsvorgänger dadurch zu tilgen. Denn wir wagen die Behauptung aufzustellen: »**Die katholische Kirche hat zum grössten Theile den Socialismus der Gegenwart mitverschuldet.**« Hätte sie nämlich den Geistern nicht durch so viele Jahrhunderte die Fesseln der Lüge und Verdummung angelegt, die Wissenschaften wären schon vor drei Jahrhunderten auf demselben Standpunkte gestanden, auf dem sie heute stehen; das Volk hätte sich schon damals geistig emancipirt — und dieses zu wenig beachtete Moment spielt bei dem gegenwärtigen Socialismus, so weit wir ihn erfassen, gar bedeutend mit. Die gegenwärtige sociale, religiöse und politische Umwälzung ist ja im Grunde nichts Anderes als das Bestreben der jetzigen Menschheit, sich aus dem Mittelalter emporzuringen. Und wessen Erzeugniss ist das Mittelalter? Doch unläugbar das der Kirche.

Mit einem Worte: Die Pfaffen passen nicht mehr in unsere Zeit; sie stecken mit beiden Füssen noch immer im Mittelalter. Und in der That: Wo heute noch die Geistlichkeit Einfluss auf das Volk übt, da finden wir die Bildung nur in sehr spärlichem Masse. Ist dieser Zustand Ursache oder Wirkung jenes Einflusses? Er ist Beides, nach unserer Ansicht. — Wir wollen hier nicht das schon so oft und jüngsthin erst vom Fürsten Bismarck aufgerollte Bild in seinem ganzen Umfange wieder entrollen. Bleiben wir bei unserem Vaterlande Oesterreich. In Böhmen, Mähren, Schlesien, Niederösterreich, den cultivirtesten Theilen Oesterreichs, hat die katholische Geistlichkeit ihren früheren Einfluss auf das Volk fast ganz eingebüsst. Dort, wo er noch mächtig ist — in den Alpenländern und in Galizien — steht das Volk auf einer verhältnissmässig tiefen Stufe der Cultur. Dulden wir es doch nicht länger, dass unsere schönen Alpenländer fürderhin der Cultur und dem Fortschritte entrückt bleiben! Die biederen Steirer und wackeren Tiroler verdienen es wahrlich, dass wir sie von dem Joche der Priesterherrschaft befreien. »Du sollst nicht ruhig bleiben, wenn das Blut deines Nebenbruders vergossen wird!«

Also der Wahrheit eine Gasse! Bieten wir dem Volke Brod und keine Steine!

»Wollen wir in religiösen Dingen weiter kommen«, sagt David Friedrich Strauss* — dessen Schriften nebst denen der Classiker in der Bibliothek keines Gebildeten fehlen sollten — »so müssen solche Theologen, die über den Vorurtheilen und Interessen der Zunft stehen, um die Mehrheit ihrer Zunftgenossen unbekümmert, den Denkenden in der Gemeinde die

---
* Leben Jesu I², p. XX f.

Hand reichen. Wir müssen zum Volke reden, da die Theologen ihrer Mehrheit nach uns doch kein Gehör geben. Sind nur erst die Besten im Volke so weit, dass sie sich das nicht mehr bieten lassen, was ihnen jetzt die Geistlichen grossentheils noch geben, so werden sich diese schon eines Besseren besinnen. Aber ein Druck muss auf sie ausgeübt werden, wie auf die Juristen vom alten Schlag ein Druck von Seiten der öffentlichen Meinung ausgeübt werden musste, um sie für Geschwornengerichte und ähnliche Reformen in ihrem Fache zu stimmen.... Wem an der jetzigen Kirche und Theologie das unerträglich ist, dass wir das Christenthum fort und fort als eine übernatürliche Offenbarung...., das Leben des Stifters als eine Kette von Wundern ansehen sollen, dem bietet sich als das sicherste Mittel, seinen Zweck zu erreichen, dass, was ihn drückt, loszuwerden, die geschichtliche Forschung dar.... Und forscht man nach, woran es liegt, dass sich so vieles Fremdartige in die Religion Jesu eindrängen und in ihr erhalten konnte, so erkennt man als die Ursache dasselbe, was für unsere Zeit mit Recht den Hauptanstoss an dem ganzen, alten Religionswesen bildet, nämlich den Wunderwahn. Erst wenn erkannt werden wird, dass im Christenthum die Menschheit nur ihrer selbst tiefer als bis dahin sich bewusst geworden dass Jesus nur Derjenige ist, in welchem dieses tiefere Bewusstsein zuerst als eine sein ganzes Leben und Wesen bestimmende Macht aufgegangen ist, dass Entsündigung eben nur im Eingehen in diese Gesinnung, ihrer Aufnahme gleichsam in das eigene Blut zu finden ist, erst dann ist das Christenthum wirklich christlich verstanden. — Die Einsicht, dass nur dies das Wahre und Bleibende am Christenthum, alles Andere nur verwesliche und schon halb verweste Hülle sei, liegt in unserer Zeit als Ahnung in den Gemüthern. Man findet die einfachsten Menschen der untersten Volksschichten ihr oft ebenso nahe, als freilich Viele in den obersten Gesellschaftsschichten ihr, wie noch manchem andern Guten und Schönen verschlossen.« »Ich weiss nicht«, sagt Strauss an einer anderen Stelle (p. 211), »ob der Obernatürlichste Ursprung, den man dem Christenthum zuschreiben mag, ehrenvoller für dasselbe sein kann, als wenn die Geschichtsforschung nachzuweisen sucht, wie es die reife Frucht alles desjenigen gewesen sei, was bis dahin in allen Zweigen der grossen Menschenfamilie als höheres Streben sich geregt hatte.« Warum scheuen wir uns aber denn — um mit den Worten der Vorrede zu unserer Uebersetzung der öfters genannten Darmesteter'schen Abhandlung diesen Abschnitt unserer Schrift zu schliessen — gegen das Ende des 19. Jahrhunderts, 100 Jahre nach Lessing und Sonnenfels, dem Volke das Buch der Geschichte zu öffnen? Das Jahrhundert ist reif zu diesem Werke. Führen wir die europäische Menschheit im Zeitalter der Eisenbahnen und der Elektricität nicht wie die Kinder an der Nase herum; die Wahrheit wird ja doch endlich früher oder später zu Tage kommen, die Lüge dagegen vor dem Glanze der ersteren erblassen. Wir, und noch bestimmter unsere Nachkommen, gehen einer der ernstesten Perioden der Weltgeschichte entgegen, in der alle Elemente aneinander gerathen und wo man stürmisch auch die Entscheidung der religiösen Frage in Angriff nehmen wird. Sorgen wir bei Zeiten dafür, dass durch die unbefangene Erkenntniss der Geschichte des Christen- und des Judenthums, dieser beiden gewaltigsten Potenzen der Weltcultur, unser religiöses Gewissen beruhigt, dass die Zweifel, die unsere Brust bewegen, aus derselben gebannt werden, damit wir mit festem Auge dem 20. Jahrhundert entgegensehen können. Es wird der ganzen Kraft unserer und der künftigen Generation bedürfen, um die grosse sociale Frage zu lösen. Dieses heilige Werk darf und soll nicht durch religiösen Zwist und Hader gestört werden. Klarheit muss vor Allem herrschen unter uns Menschen, die wir zum Wirken neben und miteinander bestimmt sind. Lösen wir also die religiöse Frage, damit wir dann unsere ganze Kraft auf die anderen grossen Weltfragen, die der Entscheidung harren, verwenden können. Die Zeit ist reif, ja überreif dazu. Und wenn wir unseren Blick in eine noch fernere Zukunft werfen, wo die ungeheuren Völkermassen des

Orients mit dem europäischen Continente in näheren Contact treten, wo die Lehren des Confucius und des Buddha, die Götzenreligionen der Mongolen und der übrigen asiatischen Völker auf unserem Horizonte erscheinen werden, müssen wir dann nicht die ernste Besorgniss hegen, es könnte unsere Religion und unsere Cultur von der Wucht jener Massen erdrückt werden? Nichts aber zu fürchten hätten wir, wenn jeder Bewohner Europas aus voller Ueberzeugung als Kämpfer für die Cultur und den vorgeschrittenen Monotheismus mit jenen Völkermassen in die Schranken zu treten bereit wäre. Einzelne Missionäre zu den Hunderten von Millionen Bewohnern von Asien und Afrika gesandt, sind wie ein Tropfen im Meere. Ganz Europa muss als der grosse Missionär des wahren Glaubens und der Cultur im Oriente auftreten. Wir müssen daher diejenigen, welche noch immer die Menschheit über die wichtigsten Fragen absichtlich im Dunkeln lassen wollen, als Feinde der Menschheit betrachten; denn sie befördern damit indirect den Zwist unter den Menschen und hindern das Gedeihen des Weltfriedens und der Weltcultur. Diejenigen aber, welche die Kenntniss des Wesens und der Geschichte des Christen- und Judenthums unter den grossen Volksmassen zu verbreiten sich zur Aufgabe setzen, vollbringen ein gutes Werk.

Und ein gutes Werk hoffen auch wir vollbracht zu haben; indem wir ohne Scheu und Rückhalt in unseren vorhergegangenen Betrachtungen der vollen Wahrheit Ausdruck zu verleihen bestrebt waren. Wir wiederholen an dieser Stelle das, was wir bereits an einer früheren hervorhoben: Ferne liegt es von uns, die katholische Kirche schmähen, noch weniger Menschen, die im katholischen Glauben erzogen wurden, durch unsere Worte verletzen zu wollen. Die »katholische Kirche« ist ein blosser Begriff, und gegen leere Begriffe kämpfen wir nicht an. Wir hatten immer nur die sehr concreten Vertreter der Kirche im Auge, die bewusst ihr Thun und Treiben eingerichtet haben, und wofür sie der Oeffentlichkeit verantwortlich sind. Denn wer im Dienste der Oeffentlichkeit stehl, der muss sich auch deren Kritik gefallen lassen. Rohling, der grosse Professor der katholischen Theologie an der Prager Universität, warf uns Juden den Talmud an den Kopf und schmiedete durch lügenhafte Verdrehung aus demselben Waffen gegen uns, die sich allerdings durch ihre Natur längst als stumpfe und völlig unbrauchbare erwiesen haben. — Wenn nun ein katholischer Theologe sich die Freiheit nimmt, sich in unsere Religion einzumengen, dann haben wohl auch wir Juden das Recht, einen Blick in die katholische Kirche zu thun. Sie heisst ja die καθολική, d. i. diejenige, welche alle Menschenkinder umfassen will. Man macht überdies so viele Anstrengungen und scheuet keine Opfer — die hiezu verwendeten Millionen wären allerdings besser für christliche Spitäler und Waisenanstalten zu verwenden — um uns Juden in den Schoss der alleinseligmachenden Kirche aufzunehmen. Da haben wir doch wohl ein Recht, auch ein Wort darein zu reden und dasjenige zu rügen, was uns von einem eventuellen Eintritte in den Schoss des Christenthums zurückhalten könnte. . . .

Das ist die grosse Arbeit, welche die **christliche Welt** noch zu vollenden hat, bis sie wird beruhigt von sich sagen können: Ich habe all' die atavistischen Ueberreste aus den früheren Jahrhunderten abgelegt; ich bin so ganz und recht ein Kind der neueren Zeit geworden.

Aber auch **wir Juden** haben uns von dem Schmutze zu säubern, der von den Ghettos her, in die uns die Völker einschlossen, an uns haften blieb. Bei unserer alterbgesessenen Cultur — denn wir sind das älteste jetzt lebende Culturvolk der Erde* — und, was noch mehr gilt, bei unserem red-

* Vgl. den berühmten (christlichen) Botaniker Alphonse de Candolle, der in seinem Werke: »Histoire des sciences et des savants depuis deux siècles« (Lyon 1873, p. 407) sich über diesen Punkt also verlauten lässt: »La race juive est une des plus anciennement civilisées ... Les peuples chrétiens, au contraire, sortent à peine de la barbarie.

lichen Willen, unsere Fehler abzulegen, wird es keine Mühe
kosten, das genannte Ziel zu erreichen.

Aus unserer, der jüdischen Gesellschaft, riefen wir
bereits vor zwei Jahren unseren Glaubensgenossen zu* und
wir wiederholen heute diesen Ruf mit verschärftem Nachdrucke,
müssen Rohheit und Unbildung schneller, als es bei der
nicht-jüdischen Gesellschaft noththut, mit allen Mitteln ausgerottet werden; denn wir verfügen nicht über bewaffnete
Heere, die unsere Interessen und Rechte vertheidigen könnten:
wir sind zu unserer Vertheidigung auf uns selbst und namentlich auf unsere Intelligenz angewiesen. Aus unserer
Mitte müssen möglichst rasch und nachdrücklich die Laster
und Verbrechen völlig schwinden, denn jedes Verbrechen,
das ein einzelnes jüdisches Individuum begangen haben soll,
wird sofort der gesammten Judenheit aufs Kerbholz geschrieben. Darum muss jeder einzelne Jude bei all'
seinem Thun und Lassen stets nicht nur sich und seinen
eigenen Vortheil, sondern zugleich auch die Ehre und den
Vortheil des gesammten Judenthums sich vor Augen halten.
Deshalb ist es heilige Pflicht jedes Einzelnen von uns,
die Verbrechen und das Laster nach Kräften aus der jüdischen Gesellschaft zu verdrängen. Und verschliessen wir
unser Auge nicht vor dem moralischen Moraste, in dem ein

Leur civilisation a commencé dans l'Europe centrale il y a trois siècles,
et en Russie, sous Pierre le Grand. Ils n'ont pas cessé de lutter contre
des habitudes antérieures de rapine, d'injustice et des violences ou
morales ou physiques.« »Das jüdische Volk ist eines der ältesten Culturvölker der Menschheit. Die christlichen Völker haben sich dagegen
noch kaum aus dem Zustande der Barbarei herausgearbeitet. Ihre
Civilisation begann in Mitteleuropa erst vor drei Jahrhunderten, in
Russland gar erst im vorigen Jahrhundert unter Peter dem Grossen.
Die christlichen Völker müssen noch jetzt mächtig ankämpfen gegen
ihre alten erbgesessenen Gewohnheiten der Barbarei, der Ungerechtigkeit und der Gewaltthätigkeit.« S. die vergleichende statistische Zu-
sammenstellung der von Christen und Juden verübten Delicte bei
Josef R. v. Wertheimer: »Jüdische Lehre und jüdisches Leben«, p. 20 f.

* Presse und Judenthum, 2. Aufl., p. 60 f.

grosser Theil unserer Glaubensgenossen versunken ist. Wir besitzen vor allen Völkern der Erde zahlreiche und glänzende Nationaltugenden, um die uns die übrige Gesellschaft beneidet. Doch all' dieser Glanz verblasst in den Augen unserer Gegner vor dem einen furchtbaren Worte: W u c h e r. Es gibt natürlich und in weit grösserer Anzahl auch unter den Nichtjuden niedrige Sclavenseelen, die alle Gesetze des Rechtes und der Humanität mit Füssen tretend, in schimpflicher Weise die Nothlage ihrer Nebenmenschen zu ihrem eigenen Vortheil nach Kräften auszubeuten bestrebt sind. Doch in diesen Fällen spricht man stets nur von dem Wucherer N. N.; ist hingegen der Wucherer ein Jude, so wird sofort die Race und der Glaube an den Pranger gestellt. Freilich ist der Wucher, wie Jedermann aus der Geschichte bekannt ist und wie es erst vor Kurzem der Präsident der bayerischen Akademie der Wissenschaften, der Professor der katholischen Theologie, Reichsrath und Stiftsprobst Dr. Franz D ö l l i n g e r in seiner Rede: »Die Juden in Europa« vortrefflich ausgeführt hat, unseren Vorfahren von ihren humanen nicht-jüdischen Mitbürgern aufgedrängt worden. Heute jedoch sind uns, wenigstens uns Juden des cultivirten Europa, die Bahnen der Kunst und der Wissenschaft, des redlichen Handwerks, der Industrie und des ehrlichen Handels erschlossen. Betreten wir darum diese Wege und lassen wir die krummen Pfade! Greifen wir wiederum, wie es unsere Vorfahren thaten, zum körper- und seelenstärkenden A c k e r b a u, zum redlichen, sittigenden H a n d w e r k, welchen beiden hervorragenden Zweigen menschlicher Thätigkeit unsere Glaubensgenossen zum immensen Schaden des Judenthums allzusehr den Rücken kehren.

»Schuld der Eltern ist es«, ruft der 86jährige J o s e f R i t t e r v o n W e r t h e i m e r unseren Glaubensgenossen mit mahnender Stimme zu* und wir fallen mit ein in seinen Ruf: »Schuld der jüdischen Eltern ist es, wenn sie aus falsch

* Excurs zum »Jahresbericht der »Isr. Allianz« in Wien« 1882.

verstandenem Ehrgeiz ihre Söhne Berufszweigen widmen, zu denen diese keine Befähigung haben, aus ihnen mittelmässige oder stümperhafte Juristen lieber machen als tüchtige Handwerker oder Oekonomen; Nicht nur in den Schriften unserer Weisen ist die Betreibung eines Handwerks als ehrsamer Beruf vielfach empfohlen, sondern auch in anderen Zeiten praktisch beherzigt worden; und den gefeiertesten Gelehrten bis zu dem jüdischen Brillenschleifer und grossen Philosophen Benedict Spinoza war es durch den die Existenz sichernden Handwerksbetrieb ermöglicht, ihren Wissens- und Forschungstrieb zu befriedigen. Erst in späterer Zeit haben namentlich in Deutschland und Oesterreich-Ungarn diesfalls falsche Begriffe Eingang und Verbreitung gefunden und wurde ziemlich allgemein Handel und selbst Schacher für ehrenhafter gehalten, als das redliche Handwerk.«

Mögen die jüdischen Eltern diese Worte eines der verdienstvollsten Männer des Judenthums beherzigen und mit der Zukunft ihrer Kinder zugleich die Ehre und die Zukunft des Judenthums sichern!

Und zu den Wucherern übergehend: Bannen und verstossen wir diese Elenden, die schon so viel Schmach über das Judenthum gebracht haben, für immer aus unserer Mitte! Halten wir uns im Umgange von ihnen ferne! Betrachten wir sie als das, was sie im vollsten Sinne des Wortes sind, als den Aussatz im Lager Israels; wenden wir auf sie in socialer Beziehung mit unerbittlicher Strenge die Satzungen der Thora vom »Aussatze« an. »Wer mit einem Wucherer umgeht, auf ihn selbst falle die Schmach«, soll die Parole in der jüdischen Gesellschaft lauten, und nicht lange wird es währen, dass wir in den Augen der Völker rein dastehen werden von einem der schrecklichsten Laster, das man uns so gerne als ein nationales Verbrechen aufoctroyiren möchte. Oeffentliche Beschämung gleicht nach dem gestrengen moralischen Strafgesetzbuche unserer Weisen dem Morde. Doch einen Wucherer, und sei es der eigene Vater oder Bruder, dem öffentlichen Hohne Preis zu geben, ist heilige

Pflicht jedes Einzelnen, dem das Interesse des Judenthums am Herzen liegt. Das Laster wurzelt leider tief in unserer Mitte; radical muss demnach das Heilmittel sein, um diesen Krebs aus dem Körper des Judenthums zu entfernen. Wir müssen der Welt in unzweideutiger Weise zeigen, dass wir nichts gemein haben mit denjenigen elenden Individuen, die den Gesetzen ihrer Religion und Humanität hohnsprechend, unschuldige Mitmenschen in den moralischen Abgrund ziehen und nicht selten dem Tode in die Arme jagen.

Aber auch noch ein anderes Gebrechen hat sich, und zwar mit dem Anbruche der Sonne der Freiheit, als ein gar unheimlicher Gast in unsere Mitte eingenistet: Der **Hochmuth und die Arroganz** vieler unserer Glaubensgenossen.

Spielen wir mit dem Feuer nicht! Geben wir unseren Gegnern nicht Gelegenheit, gerechte Angriffe gegen uns zu schleudern! Gleichen wir nicht dem losgebundenen Sclaven, der seiner neuerworbenen Freiheit sich nur in ungezügelter Frechheit erfreuen zu müssen glaubt; gleichen wir vielmehr dem Ehrenmanne, der durch eine unheilvolle Verwicklung der Ereignisse unschuldig in den Kerker wandern musste und der, nachdem sich seine Unschuld nach Jahr und Tag erwiesen, der Gesellschaft wieder in allen Ehren zurückgestattet wird! Die Krone des Martyriums umgibt ein solches Opfer der Justiz; liebe- und ehrfurchtsvoll sieht die Gesellschaft zu ihm empor und wagt es nicht, ihm ein Leid zu thun.

Wir Juden haben schuldlos Jahrtausende die blutige Dornenkrone auf unserem Haupte getragen, und haften auch noch einige Dornen auf dem Haupte und sind unsere wüthenden Gegner bestrebt, dieselben immer tiefer zu bohren — die Dornenkrone ist unserem Scheitel entflohen, ihn ziert eine historische Märtyrerkrone weithin leuchtenden Glanzes.

Wir brauchen nicht demüthig das Haupt zur Erde zu neigen, stolz können wir dasselbe emporrichten; doch nicht frech darf das Auge im Kopfe rollen und unsere Gegner zum Zweikampfe herausfordern.

Durch eine solche stolze Bescheidenheit in unserem Thun und Lassen werden unsere Gegner wider ihren Willen genöthigt sein, uns ihre Achtung zu bezeugen und die Waffen vor uns zu strecken.

Jeder Jude soll als Vehmrichter in Israel auftreten, sonder Zagen und ohne Scheu die Gebrechen und Fehler der jüdischen Gesellschaft vor aller Welt aufdecken, die Schuldigen an den Pranger der Oeffentlichkeit stellen und so im Namen des Judenthums den Bann über diese »Abtrünnigen Israels« aussprechen.

Israel muss einig sein in der Uebung der Tugenden, die es stets geziert; einig in der Vertheidigung des Rechtes und der Gerechtigkeit. Die Worte der Schrift: »Und ausgerottet muss werden das Böse aus Euerer Mitte« müssen unsere moralische Parole sein.

Israel muss wie Ein Mann vor die Völker der Erde hintreten und ihnen zurufen können: »Wir sind Männer des Rechtes! Kommt doch in unsere Mitte und überzeuget Euch von unserer Liebe zur Gerechtigkeit! Wir hassen das Unrecht, wir verabscheuen die Sünde. Trifft sich ein Schuldiger unter uns, so komme die Schuld über sein Haupt und nicht über das Haupt ganz Israels. Uebet strenge Gerechtigkeit gegen die Sünder; wir selbst liefern sie Euch aus« ...

Und auch an unsere Glaubensbrüder in Galizien wenden wir uns heute, trotz des Unwillens, den seiner Zeit unsere Worte in Galizien hervorriefen,* mit demselben dringenden Mahnrufe wie damals,** dass sie doch endlich zur Einsicht kommen mögen, dass ihre abscheulichen Religionstyrannen, die sogenannten »Wunder-Rebbes«, die sammt und sonders in eine Festung oder in einen Narrenthurm und nicht auf den Ehrensitz eines »Lehrers des Volkes« gehören, von den gemeinsten persönlichen Motiven geleitet, nur danach streben, über den

---

* Vgl. die gegen unsere Schrift: »Presse und Judenthum« erschienene Gegenschrift eines alten, polnischen Juden. Moscieska 1882.

** Presse und Judenthum, 2. Aufl., p. 141 f.

Häuptern der Gemeinden hinweg zur Alleinherrschaft in diesen zu gelangen! Mögen sie doch ihre Verführer bald von ihren Rockschössen schütteln, bevor es zu spät werden könnte!

Diese gemeinen, elenden und heimtückischen Individuen, die, wie die Reactionäre aller übrigen Völker, so gerne im Finstern wühlen, haben wie ihre Genossen die Verdummung des Volkes zu ihrer Parole erhoben; sie wollen grausam jeden Lichtstrahl der Aufklärung von den Wohnungen unserer Glaubensgenossen ferne halten, sie wiederum in finstere Ghettos bannen und vom Weltverkehre absperren.

Mögen doch unsere Glaubensgenossen das erwägen, dass sie durch ihr Fernhalten von jedwedem Fortschritte nicht nur das Judenthum schänden und den schimpflichsten Chillul-Haschem an demselben begehen, der je in der gesammten Geschichte des Judenthums an diesem begangen wurde, sondern dass sie auch sich, und noch mehr ihre Nachkommen in der kürzesten Zeit unzweifelhaft dem moralischen und finanziellen Ruine entgegenführen!

Die jüngere jüdische Generation in Galizien wird, wenn ihr noch lange die Wohlthaten der Bildung und des Fortschrittes verschlossen bleiben, bald ein Fremdling sein im eigenen Lande: Sie wird die Sprache nicht verstehen, die ihre Umgebung spricht; sie wird die Gedanken nicht begreifen, welche die Mitwelt beherrschen. Trotz ihrer grossen Zahl wird die dem Fortschritte abholde galizische Judenschaft bald wie ein morscher Stumpf dastehen, um von den Stürmen der Zeit hinweggefegt zu werden. Mögen darum unsere Brüder ihr Ohr nicht grausam dem Rufe der Freiheit verschliessen!

Mögen sie keinen Frevel treiben mit den Gesetzen Gottes und seine Langmuth nicht allzusehr auf die Probe stellen! Gott liess ihnen durch seinen Gesalbten, unsern Kaiser Franz Josef I., das Füllhorn der Freiheit reichen, und sie stossen ihn zurück...

Aber nicht nur sich selbst richten sie schmählich zu Grunde, auch uns übrigen Anhängern des Judenthums haftet ihretwegen ein Schandfleck an. Denn wir wagen es ganz kühn zu behaupten: Der Antisemitismus in Oesterreich-Ungarn und Deutschland fand und findet noch seine stärkste und gefährlichste Nahrung durch den Abscheu und Ekel, den unsere christlichen Mitbürger vor den zumeist körperlich und geistig verkrüppelten, sogenannten »polnischen Juden« empfinden. Ja noch mehr: Auch der Antisemitismus im Judenthum, d. i. die Abstinenz so vieler Tausende aus unserer eigenen Mitte gegen die Interessen des Judenthums und dessen Angehörigen ist in erster Linie einem ähnlichen Gefühle des Abscheues und Widerwillens gegen ihre unsauberen galizischen Glaubensbrüder entsprungen.

Durch ihre abscheulichen Sitten und Gewohnheiten, durch ihre absonderliche Tracht, durch ihr elendes Kauderwälsch sind sie nicht nur uns, sondern noch mehr unseren christlichen Mitbürgern vollkommen entfremdet und dienen diesen zum Gegenstande des nicht ungerechten Spottes.

Wo in aller Welt befindet sich denn der Schulchan-Aruch, der gerade den galizischen Juden geböte, einen schmutzigen, bis zur Erde reichenden Kaftan zu tragen und sich als die bequemsten Receptacula alles Ungeziefers von den bleichen Wangen zwei nicht gerade kunstvoll und ästhetisch gedrehte Haarlöckchen herabhängen zu lassen?

Die Tracht ist eine nationale polnische Tracht aus den früheren Jahrhunderten; nun, polnischer als die Polen brauchen die galizischen Juden denn doch nicht zu sein: Haben die Polen europäische Kleidung angelegt, so können es doch wohl auch unsere galizischen Glaubensgenossen thun.

Wären wir nicht Anhänger der Gewährung voller persönlicher Freiheit von Seiten des Staates, wir würden an diesen die Bitte richten, er möge, wie es in Russland geschah, im Interesse des Fortschritts und der Cultur ein Ausnahmsgesetz schaffen und allen unseren galizischen Brüdern die Kutten von den Leibern und die Locken von den Schläfen reissen.

So aber werden wir uns unsere eigene Polizei machen. **Heben wir jeden Verkehr mit Kaftan- und Lockentragenden galizischen Juden völlig** auf! Weisen wir mit unerbittlicher Strenge jeden in einem solchen Aufzuge Erscheinenden von unserer Thüre zurück! Haben wir kein Mitleid! Seien wir grausam, wenn nur Grausamkeit zum Ziele führt!

Jeder grosse welthistorische Process verschlingt Hunderttausende von Menschenleben; nun denn, wir Juden haben in unserem gegenwärtigen Uebergange aus der alten in die neue Zeit eine grosse Phase in unserer Geschichte zu überschreiten: Streben wir dem grossen Ziele ohne jede Rücksichtnahme auf das zeitweilige Wohl Einzelner zu! Wollen die galizischen Juden sich den Gesetzen der Gesellschaft und der Vernunft nicht unterwerfen, so mögen sie ihre Hartnäckigkeit büssen!

Führen wir jene oben aufgestellte Forderung gestrenge durch, in einigen Monaten werden wir in allen Ländern Europas mit Ausnahme Galiziens keinen Kaftan- und Lockentragenden polnischen Juden mehr erblicken. Sie werden, durch die Noth gezwungen, schon zu Kreuze kriechen und ihre schmutzige Nationaltracht mit einer sauberen europäischen Kleidung vertauschen.

Der »polnische Jude«, den man uns bei jeder Gelegenheit von hoher und niedriger Seite so gerne als Beweis an den Kopf wirft, dass der Jude ein Feind der Assimilation an seine christlichen Mitbürger sei, wird mit Einem Male aus dem antisemitischen Lexikon gestrichen sein. Die vielen unehrenhaften Epitheta, mit denen der rohe Pöbel so gerne den Juden bewirft, haben wir zumeist den »polnischen Juden« zu danken, die dem Pöbel bei Schaffung seines jüdischen Schimpflexikons als Modell gedient haben ...

Nicht augenblickliche Aufwallung der Leidenschaft, nicht Hass oder Vorurtheil gaben uns die harten Worte ein, die wir soeben über einen grossen Theil der galizischen Judenschaft aussprachen. — Wir lieben unser Volk und wollen es gebessert sehen; wir scheuen darum nicht der Wahrheit ihren Tribut zu leisten und die Wunden, an denen das jüdische Volk krankt, vor aller Welt aufzudecken ...

Krank also sind wir beide, die christliche und die jüdische Welt; wir bluten aus schweren Wunden die wir uns zum Theile selbst geschlagen. — Wann und von wem nun wird uns die Heilung kommen?

Den Zeitpunkt können wir nicht bestimmen, wohl aber den Arzt: Es ist die Religion der Zukunft, die Menschenliebe.

Vor hundert Jahren behandelte Lessing dieses grosse welthistorische Problem in seinem unsterblichen »Nathan« im Gewande der Poesie. Was sagt nun Lessing? — Die drei Söhne, bekanntlich die Vertreter der drei monotheistischen Religionen, stritten vor dem Richter um die Echtheit ihrer Ringe. Der Richter aber sprach:[*] »Wenn Ihr mir nun den Vater nicht bald zur Stelle schafft, so werf' ich Euch von meinem Stuhle. Denkt Ihr, dass ich Räthsel zu lösen da bin? Oder harret Ihr, bis dass der rechte Ring den Mund eröffne? Doch halt! Ich höre ja, der rechte Ring besitzt die Wunderkraft, beliebt zu machen, vor Gott und Menschen angenehm. Das muss entscheiden! Denn die falschen Ringe werden doch das nicht können! — Nun, wen lieben zwei von Euch am meisten? — Macht, sagt an! Ihr schweigt? Die Ringe wirken nur zurück und nicht nach aussen? Jeder liebt sich selber nur am meisten? — O, so seid Ihr alle Drei betrogene Betrüger! Eure Ringe sind alle drei nicht echt. Der echte Ring vermuthlich gieng verloren. Den Verlust zu bergen, zu ersetzen, liess der Vater die drei für einen machen.« Und also fuhr der Richter fort: »Wenn Ihr nicht meinen Rath, statt meines Spruches wollt: Geht nur. Mein Rath ist aber der: Ihr nehmt die Sache völlig, wie sie liegt. Hat von Euch Jeder seinen Ring von seinem Vater, so glaube Jeder — seinen Ring den echten. — Möglich, dass der Vater nun die Tyrannei des einen Ringes nicht länger in seinem Hause dulden wollte! Und gewiss, dass er Euch alle Drei geliebt, und gleich geliebt, indem er Zwei nicht hat drücken

---
[*] III. Aufzug. 7. Scene.

mögen, um Einen zu begünstigen. — Wohlan! Es eifre Jeder seiner unbestochenen, von Vorurtheilen freien Liebe nach! Es strebe von Euch Jeder um die Wette, die Kraft des Steines in seinem Ringe an den Tag zu legen! Komme dieser Kraft mit Sanftmuth, mit herzlicher Verträglichkeit, mit Wohlthun, mit innigster Ergebenheit in Gott, zu Hilfe! Und wenn sich dann der Steine Kräfte bei Euren Kindes-Kindern äussern: So lad' ich über tausend tausend Jahre sie wiederum vor diesen Stuhl. Da wird ein weiserer Mann auf diesem Stuhle sitzen, als ich, und sprechen: Geht.« — So sagte der bescheidene Richter.

»Geht«, ruft auch unsere Zeit den einzelnen Confessionen zu, »der echte Ring vermuthlich ging verloren.« So ist es: Denn über dem Streite der Confessionen hat die Menschheit die Religion verloren.

Rückkehr zur Religion! Rückkehr zu Jesuä, dem grossen unsterblichen Propheten der Zukunft — muss die Parole unserer Zeit sein; früher wird nicht Friede herrschen in der Menschheit, die nach diesem sich so mächtig sehnt.

»Wie aber?« sagt ein geistreicher Schriftsteller unserer Zeit,* »Lessing sollte in seinem unsterblichen »Nathan« nur die verschwommenen Umrisse einer idealen Zukunft, diese selbst aber nicht gezeigt haben? Allerdings hat er sie gezeigt und zwar so greifbar, dass man sich wundern muss, wie es nur möglich sei, sie zu übersehen. Kuno Fischer sagt:** »Einmal heisst es, Lessing habe in den Personen seiner Dichtung die drei Religionen darstellen wollen, er habe in dem Patriarchen, der Daja, dem Tempelherrn und dem Klosterbruder das Christenthum, im Nathan das Judenthum, in Saladin, Sittah und Al-Hafi den Islam personificirt. Schon aus äusseren Gründen würde diese Rechnung nicht stimmen. Wo bleibt Recha?«...

* Dr. M. Friedländer: Neue Aufschlüsse über Lessing's »Nathan«. Milwaukee (Nordamerika) 1881. Vgl. Bloch: Quellen und Parallelen zu Lessing's »Nathan«, Wien 1882.

** Lessing's »Nathan«. 2. Aufl. 1872.

Aber Recha ist ja eben jenes Kind der Zukunft! In ihr ist die aus den monotheistischen Religionen sich schliesslich hervorwindende Vernunft- und Weltreligion personificirt. Christenthum, Mohamedanismus und Judenthum sind bei ihrer Bildung und Entwicklung thätig. Ihre Mutter war eine Christin, ihr Vater ein Muselmann, ihr zweiter und eigentlicher Vater (denn »macht denn nur das Blut den Vater? nur das Blut?«) ist ein Jude, mit dem sich die Christin Daja in die Erziehung theilt. — Doch ist Recha weder »Jüdin« noch »Christin« noch »Mohamedanerin«, sie ist Mensch, ist der wieder zum Vorschein gekommene echte Ring, der »die geheime Kraft besitzt, vor Gott und Menschen angenehm zu machen«. Denn während die drei Confessionen unter sich niemals einig werden können, begegnen sie sich alle drei in der Liebe zu dem aus ihrem Schosse hervorgegangenen Kinde, fühlen sie sich alle drei mächtig zu ihm hingezogen, und jeder reclamirt es als das seine.«

Und so raffen denn auch wir Culturmenschen am Ende des 19. Jahrhunderts uns endlich auf und setzen wir einen Stolz darein, »Recha für die unsrige zu reclamiren!« Sie ist ja das edle Kind, zu dessen Erzeugung wir Alle, Jeder nach seinem Theile, beigesteuert haben. — »Friede sei mit Euch!« ruft uns der Herr entgegen, und wir sollten der holden Himmelsstimme hartnäckig unser Ohr verschliessen?

»Die Menschen denken sich«, sagt Leopold Kompert, der moderne Dichter der Religion der Zukunft,* »die gegenwärtigen Verhältnisse unwandelbar und von unvergänglicher Dauer. Das Eine steht hier und das Andere steht dort, und zwischen Beiden fliesst seit undenklichen Zeiten ein breiter Strom. Wer hat ihn hieher gesetzt? Woher kommt die Welle, die ihn benetzt? Das wussten sie so wenig, dass sie annehmen mussten, die Natur selbst habe aus Abneigung gegen ihr eigenes Werk diese Scheidung festgestellt. — Nun aber sahen sie mit einer Art dumpfen Erstaunens, wie sich

---

* Zwischen Ruinen, Bd. III, S. 160 f.

über diesen Strom mit einemmale ein Nothsteg baute, schmal und schwankend zwar, aber bei einigem Muthe doch zu betreten. Und der Steg war kein Luftgebilde. Hie und da hatten ihn schon Einige betreten ... Es ging eine tiefe Verstimmung durch die Welt und in den verschiedensten Tonarten brauste der Groll auf. — Es gab also zu allen Zeiten ein Mittel, um über den Strom zu kommen? Warum dann nur diesen schwächlichen Nothsteg? Warum überbrückt Ihr diesen Strom nicht von allen Punkten, wo es nur immer angeht? Warum setzt Ihr das Werk der Lüge und Täuschung fort?... Aber auch geballte Fäuste erhoben sich gegen den schwanken ärmlichen Steg. — Von Ewigkeit her, lärmten sie, ist der Strom gesetzt und bis an die Grenzen der Ewigkeit muss die Fluth ihn ausfüllen! Wehe Denen, die den Versuch gewagt haben! Schon braust der Sturm heran, der sie und ihr Lügenwerk in den Wellen begräbt!«...

Ueberbrücken wir doch diesen Strom mit eigener Hand! Lege Jeder selbst Hand an an dem grossen Baue! Mögen diesseits des Stromes der »Friede«, jenseits desselben die »Liebe« als die Schutzengel dastehen, die uns bewachen mögen bei unserem heiligen Werke. Lassen wir uns durch die feindlichen Samaritaner der Gegenwart in unserem Baue nicht stören! Mag auch im Laufe der Zeit der eine oder der andere Balken in den Strom fallen — harren wir geduldig aus! Unsere Nachfahren, die trockenen Fusses friedlich über den reissenden Strom werden wandeln können, werden uns preisen, dass wir, die Wellen nicht fürchtend, die unter uns brausten, mit fester Hand die Drücke schlugen.

Unwillkürlich kommt uns desselben K o m p e r t herrliche Novelle »Christian und Lea« ins Gedächtniss, in welcher der geist- und gemüthvolle Dichter den Widerstreit zwischen sanfter Liebe und der harten Macht des blinden Vorurtheils mit so herrlichen Farben schildert:

C h r i s t i a n, der Sohn des christlichen Schusters Jan Wurma, und L e a, die Tochter des jüdischen Gemeindedieners Wolf Ungar, die mit einander von Kindheit aufwuchsen, liebten sich aufs Innigste. Die Mutter Lea's, Sarah, die den christlichen Schusterknaben aus dem Wasser gerettet und an Kindesstatt angenommen hatte, liebte ihn, und ihre starke, edle Seele hätte gegen den Bund Beider nichts einzuwenden, aber der Geist der »Babe Breindl«, die ihrer Enkelin Sarah zürnte, weil sie einen christlichen Knaben an Kindesstatt annahm, und die Furcht vor ihrem siech daliegenden Manne, der nur mit Widerwillen den Schwur einhielt, den er seiner Gattin vor der Thorarolle geleistet hatte, hielten Sarah zurück; sie weist Christian, den sie so innig liebt, von sich und trennt die beiden liebenden Herzen.

Wie begründete die weise Sarah ihren Beschluss? »Was Du glaubst, Christian, und das, was ich glaube, ich meine das, wie man es mit Gott dem Allmächtigen im Himmel hält, das sind zwei zerbrochene Tafeln, zwei Stücke von einer, die einmal ganz gewesen. Wer sie zerbrochen hat? und ob es gut war, sie zu zerbrechen? Das kann ich nicht entscheiden, dafür bin ich ein zu unbedeutend Weib. Genug an dem, mein guter Christian, seitdem die alte Tafel zerbrochen ist, ist viel Streit und Herzbrechen in der Welt, jeder hält an seinem Theile fest und darüber sind hunderte und tausende von Jahren schon hingegangen. Auf jedes der zwei Stücke hat aber Gott etwas geschrieben, und daran hält ein Jeder fest und nur Gott der Allmächtige allein ist im Stande, die zerbrochene Tafel wieder so ganz zu machen, dass, was auf dem einen Stücke geschrieben steht, zu demjenigen passt, was auf dem andern geschrieben steht. Den Tag, wo das geschieht, den werden wir nicht erleben, nicht ich, nicht Du, Christian. Willst Du aber wissen, was in unserer heiligen Schrift steht? Tagtäglich beten wir: »Gott wird Herr sein über die ganze Erde, an dem Tage ist Gott der Einige und sein Name der Einige.« Aber für jetzt ist die Tafel zerbrochen!«

Und Christian zog hinaus in die Fremde, nahm kein Weib, wie auch Lea keinem Manne ihre Hand gereicht hatte. Im Winter ihres Lebens hatten sie sich wiedergefunden, die im Lenz von einander geschieden waren. Erst als ihre Haare ergrauten, sollten sie ihren Jugendplan in Erfüllung gehen sehen: Sie bauten ein Haus am Rande des Baches, wo das Haus ihrer Eltern stand; als es fertig und eingerichtet war, bezogen es die beiden alten Leute.

»Lacht ihnen nicht nach«, ruft uns der sinnige Dichter zu, »grüsset sie vielmehr ehrfurchtsvoll, wenn Ihr seht, wie am Sabbath oder sonstigen Feiertagen der alte Christian seiner alten Lea den schweren »Sidur« (Gebetbuch) nachträgt bis zum Eingange der Synagoge, und lacht auch nicht, sondern fühlt Euch gehoben von dem Athemzuge des göttlichen Geheimnisses, das über den weissen Häuptern dieser Greise waltet, wenn Ihr am Sonntage den alten Christian zur Kirche schreiten sehet, mit einem weissen Halstuche, das ihm die alte Lea mit ihren eigenen Händen gewaschen und umgebunden hat.«

Der Dichter schliesst die Novelle, deren Inhalt wir gerne in die weite Welt hinausposaunen möchten, mit den Worten Kalman Würzburg's: »Es gibt eine Liebe und eine Einigung unter den Menschen, die stärker und gewaltiger als die ist, von der König Salomo in seinem Hohen Liede spricht. Davon habe ich ein Beispiel bekommen an Sarah, der Frau von Wolf Ungar, dem Gemeindediener. In dem Herzen dieses jüdischen Weibes liegt diejenige Liebe, die der Welt einmal den Frieden und die Ruhe wieder zurückgeben wird. Wie kann der »Wolf ruhen neben dem Lamme und die Viper neben dem zarten Säuglinge«, wenn Gott nicht dafür sorgt, dass noch mehr als eine Sarah Ungar nachgeboren wird!«

Möge der Tag bald herannahen, wo die beiden zerbrochenen Tafeln des Bundes ein Ganzes werden! Der Segen der Menschheit gebührt Denen, welche dieses Werk beschleunigen, ihr Fluch denen, welche es verzögern.

Anhang

enthaltend die Briefe von Victor von Scheffel und Theodor Nöldeke.

Hochgeehrter Herr!

Ich sage freundlichen Dank für Ihre Zuschrift vom 20. Februar und die guten Wünsche zum 58. Geburtstage. Ihre Brochure: »Sollen die Juden Christen werden?« werde ich mit Aufmerksamkeit lesen, halte aber ein Eingehen auf die Fragen nicht für praktisch, da gar Nichts damit entschieden wird. Die Abneigung der germanischen Völker gegen die Semiten beruht nicht auf der Verschiedenheit von Religion und Dogma, sondern auf Verschiedenheit von Blut, Race, Abstammung, Volkssitte und Volksgesinnung, sie lässt sich weder schaffen noch in Abgang decretiren, sie wird auch bei der freiesten religiösen und politischen Anschauung beider Parteien fortbestehen, wie die der Amerikaner und Chinesen, die auf dem freien Boden von Texas neben und miteinander leben. Oft habe ich mit meinem Freunde Berthold Auerbach über diese Dinge gesprochen; mit den liberalen Ideen allein sind sie nicht zu ordnen, wenn auch ein modus vivendi hergestellt werden kann und hergestellt ist. Im Reiche der jugendlichen Ideale ist eine humane Illusion schöner als inhumane Wirklichkeit. Möge Ihnen der innere Friede nie gestört werden!

Ergebenst

Victor v. Scheffel.

Karlsruhe in Baden, 24. Februar 1884.

Sehr geehrter Herr!

Besten Dank für Ihre Schrift. Ueber den Inhalt liesse sich sehr viel disputiren. Wenn auch in vielen principiellen Stücken mit Ihnen einverstanden, dissentire ich jedoch wieder in anderen durchaus. Vor Allem möchte ich auf die Gefährlichkeit des Standpunktes hinweisen, dass sich die Juden selbst noch als eine Nation betrachten wollen. Wenn dem so wäre, wie könnten Sie von den Staaten verlangen, dass sie die Juden als völlig gleichberechtigte Unterthanen ansehen und behandeln sollen? In dem nationen- und sprachenreichen Oesterreich mag sich die Betrachtung nicht so aufklärngen, wie in den wirklichen Nationalitätsstaaten, aber sie ist unausweichlich. Ueberhaupt scheint es mir nöthig, dass alle wirklich gebildeten Juden mit aller Macht auf die Abschaffung a l l e r S c h r a n k e n, die sie von ihren anderen Staatsgenossen trennen, hinarbeiten, aber namentlich aller Speise- und Reinigkeitsgesetze, und endlich auch der unserer Civilisation widerstrebenden Beschneidung. Man kann eben nicht zu gleicher Zeit Orientale mit altorientalischen Riten und moderner Europäer sein. Meine nächsten jüdischen Freunde theilen diesen meinen Standpunkt durchaus.

Noch einmal dankend
     Ihr ergebenster
        Th. Nöldeke.

Strassburg, den 26. Februar 1881.

Schlusswort.

Das Werk war bereits vollständig gedruckt, als (am 6. April) Professor Franz Delitzsch in Leipzig so freundlich war, uns das neueste Heft der von ihm herausgegebenen Zeitschrift: »Saat auf Hoffnung« (Erlangen 1884) zuzusenden, in welchem der berühmte Theologe unsere beiden jüngsten Publicationen (nämlich die voranstehende Schrift und unsere Uebersetzung der Darmesteter'schen Abhandlung) in einem längeren Aufsatze: »Was ist zu thun, was zu hoffen?« (pag. 90—100) einer eingehenden, im Ganzen sehr wohlwollenden Kritik unterzog. Wir hoffen, dass der grosse Theologe in den neu hinzugekommenen Partien unserer Schrift im Vorhinein eine, wenn auch nicht directe Erwiderung auf viele Fragen finden werde, die er an uns gestellt hat. Uebrigens behalten wir es uns vor, vielleicht an einem andern Orte auf die Einwürfe Delitzsch's zu entgegnen.

www.ingramcontent.com/pod-product-compliance
Lightning Source LLC
Chambersburg PA
CBHW022123160426
43197CB00009B/1135